# TRANZLATY

**Sprache ist für alle da**

Language is for everyone

# Der Ruf der Wildnis

# The Call of the Wild

## Jack London

## Deutsch / English

## Ins Primitive
### Into the Primitive

**Buck las keine Zeitungen.**
Buck did not read the newspapers.
**Hätte er die Zeitung gelesen, hätte er gewusst, dass Ärger im Anzug war.**
Had he read the newspapers he would have known trouble was brewing.
**Nicht nur er selbst, sondern jeder einzelne Tidewater-Hund bekam Ärger.**
There was trouble not alone for himself, but for every tidewater dog.
**Jeder Hund mit starken Muskeln und warmem, langem Fell würde in Schwierigkeiten geraten.**
Every dog strong of muscle and with warm, long hair was going to be in trouble.
**Von Puget Bay bis San Diego konnte kein Hund dem entkommen, was auf ihn zukam.**
From Puget Bay to San Diego no dog could escape what was coming.
**Männer, die in der arktischen Dunkelheit herumtasteten, hatten ein gelbes Metall gefunden.**
Men, groping in the Arctic darkness, had found a yellow metal.
**Dampfschiff- und Transportunternehmen waren auf der Jagd nach der Entdeckung.**
Steamship and transportation companies were chasing the discovery.
**Tausende von Männern strömten ins Nordland.**
Thousands of men were rushing into the Northland.
**Diese Männer wollten Hunde, und die Hunde, die sie wollten, waren schwere Hunde.**
These men wanted dogs, and the dogs they wanted were heavy dogs.
**Hunde mit starken Muskeln, die sie zum Arbeiten brauchen.**
Dogs with strong muscles by which to toil.

**Hunde mit Pelzmantel, der sie vor Frost schützt.**

Dogs with furry coats to protect them from the frost.

**Buck lebte in einem großen Haus im sonnenverwöhnten Santa Clara Valley.**

Buck lived at a big house in the sun-kissed Santa Clara Valley.

**Der Ort, an dem Richter Miller wohnte, wurde sein Haus genannt.**

Judge Miller's place, his house was called.

**Sein Haus stand etwas abseits der Straße, halb zwischen den Bäumen versteckt.**

His house stood back from the road, half hidden among the trees.

**Man konnte einen Blick auf die breite Veranda erhaschen, die rund um das Haus verläuft.**

One could get glimpses of the wide veranda running around the house.

**Die Zufahrt zum Haus erfolgte über geschotterte Zufahrten.**

The house was approached by graveled driveways.

**Die Wege schlängelten sich durch weitläufige Rasenflächen.**

The paths wound about through wide-spreading lawns.

**Über ihnen waren die ineinander verschlungenen Zweige hoher Pappeln.**

Overhead were the interlacing boughs of tall poplars.

**Auf der Rückseite des Hauses ging es noch geräumiger zu.**

At the rear of the house things were on even more spacious.

**Es gab große Ställe, in denen ein Dutzend Stallknechte plauderten**

There were great stables, where a dozen grooms were chatting

**Es gab Reihen von weinbewachsenen Dienstbotenhäusern**

There were rows of vine-clad servants' cottages

**Und es gab eine endlose und ordentliche Reihe von Toilettenhäuschen**

And there was an endless and orderly array of outhouses

**Lange Weinlauben, grüne Weiden, Obstgärten und Beerenfelder.**

Long grape arbors, green pastures, orchards, and berry patches.

**Dann gab es noch die Pumpanlage für den artesischen Brunnen.**

Then there was the pumping plant for the artesian well.

**Und da war der große Zementtank, der mit Wasser gefüllt war.**

And there was the big cement tank filled with water.

**Hier nahmen die Jungs von Richter Miller ihr morgendliches Bad.**

Here Judge Miller's boys took their morning plunge.

**Und auch dort kühlten sie sich am heißen Nachmittag ab.**

And they cooled down there in the hot afternoon too.

**Und über dieses große Gebiet herrschte Buck über alles.**

And over this great domain, Buck was the one who ruled all of it.

**Buck wurde auf diesem Land geboren und lebte hier sein ganzes vierjähriges Leben.**

Buck was born on this land and lived here all his four years.

**Es gab zwar noch andere Hunde, aber die spielten keine wirkliche Rolle.**

There were indeed other dogs, but they did not truly matter.

**An einem so riesigen Ort wie diesem wurden andere Hunde erwartet.**

Other dogs were expected in a place as vast as this one.

**Diese Hunde kamen und gingen oder lebten in den geschäftigen Zwingern.**

These dogs came and went, or lived inside the busy kennels.

**Manche Hunde lebten versteckt im Haus, wie Toots und Ysabel.**

Some dogs lived hidden in the house, like Toots and Ysabel did.

**Toots war ein japanischer Mops, Ysabel ein mexikanischer Nackthund.**

Toots was a Japanese pug, Ysabel a Mexican hairless dog.

**Diese seltsamen Kreaturen verließen das Haus kaum.**

These strange creatures rarely stepped outside the house.

Sie berührten weder den Boden noch schnüffelten sie draußen an der frischen Luft.

They did not touch the ground, nor sniff the open air outside.

Außerdem gab es Foxterrier, mindestens zwanzig an der Zahl.

There were also the fox terriers, at least twenty in number.

Diese Terrier bellten Toots und Ysabel im Haus wild an.

These terriers barked fiercely at Toots and Ysabel indoors.

Toots und Ysabel blieben hinter Fenstern, in Sicherheit.

Toots and Ysabel stayed behind windows, safe from harm.

Sie wurden von Hausmädchen mit Besen und Wischmopps bewacht.

They were guarded by housemaids with brooms and mops.

Aber Buck war kein Haushund und auch kein Zwingerhund.

But Buck was no house-dog, and he was no kennel-dog either.

Das gesamte Anwesen gehörte Buck als seinem rechtmäßigen Reich.

The entire property belonged to Buck as his rightful realm.

Buck schwamm im Becken oder ging mit den Söhnen des Richters auf die Jagd.

Buck swam in the tank or went hunting with the Judge's sons.

Er ging in den frühen oder späten Morgenstunden mit Mollie und Alice spazieren.

He walked with Mollie and Alice in the early or late hours.

In kalten Nächten lag er mit dem Richter vor dem Kaminfeuer der Bibliothek.

On cold nights he lay before the library fire with the Judge.

Buck ließ die Enkel des Richters auf seinem starken Rücken herumreiten.

Buck gave rides to the Judge's grandsons on his strong back.

Er wälzte sich mit den Jungen im Gras und bewachte sie genau.

He rolled in the grass with the boys, guarding them closely.

Sie wagten sich bis zum Brunnen und sogar an den Beerenfeldern vorbei.

They ventured to the fountain and even past the berry fields.

**Unter den Foxterriern lief Buck immer mit königlichem Stolz.**

Among the fox terriers, Buck walked with royal pride always.

**Er ignorierte Toots und Ysabel und behandelte sie, als wären sie Luft.**

He ignored Toots and Ysabel, treating them like they were air.

**Buck herrschte über alle Lebewesen auf Richter Millers Land.**

Buck ruled over all living creatures on Judge Miller's land.

**Er herrschte über Tiere, Insekten, Vögel und sogar Menschen**

He ruled over animals, insects, birds, and even humans

**Bucks Vater Elmo war ein großer und treuer Bernhardiner gewesen.**

Buck's father Elmo had been a huge and loyal St. Bernard.

**Elmo wich dem Richter nie von der Seite und diente ihm treu.**

Elmo never left the Judge's side, and served him faithfully.

**Buck schien bereit, dem edlen Beispiel seines Vaters zu folgen.**

Buck seemed ready to follow his father's noble example.

**Buck war nicht ganz so groß und wog hundertvierzig Pfund.**

Buck was not quite as large, weighing one hundred and forty pounds.

**Seine Mutter Shep war eine schöne schottische Schäferhündin gewesen.**

His mother, Shep, had been a fine Scotch shepherd dog.

**Aber selbst mit diesem Gewicht hatte Buck eine königliche Ausstrahlung.**

But even at that weight, Buck walked with regal presence.

**Dies kam vom guten Essen und dem Respekt, der ihm immer entgegengebracht wurde.**

This came from good food and the respect he always received.

**Vier Jahre lang hatte Buck wie ein verwöhnter Adliger gelebt.**

For four years, Buck had lived like a spoiled nobleman.

**Er war stolz auf sich und sogar ein wenig egoistisch.**

He was proud of himself, and even slightly egotistical.

**Diese Art von Stolz war bei den Herren abgelegener Landstriche weit verbreitet.**

That kind of pride was common in remote country lords.

**Doch Buck hat es vermieden, ein verwöhnter Haushund zu werden.**

But Buck saved himself from becoming pampered house-dog.

**Durch die Jagd und das Training blieb er schlank und stark.**

He stayed lean and strong through hunting and exercise.

**Er liebte Wasser zutiefst, wie Menschen, die in kalten Seen baden.**

He loved water deeply, like people who bathe in cold lakes.

**Diese Liebe zum Wasser hielt Buck stark und sehr gesund.**

This love for water kept Buck strong, and very healthy.

**Dies war der Hund, zu dem Buck im Herbst 1897 geworden war.**

This was the dog Buck had become in the fall of 1897.

**Als der Klondike-Angriff die Menschen in den eisigen Norden trieb.**

When the Klondike strike pulled men to the frozen North.

**Menschen aus aller Welt strömten in das kalte Land.**

People rushed from all over the world into the cold land.

**Buck las jedoch weder die Zeitungen noch verstand er Nachrichten.**

Buck, however, did not read the papers, nor understand news.

**Er wusste nicht, dass es nicht gut war, Zeit mit Manuel zu verbringen.**

He did not know Manuel was a bad man to be around.

**Manuel, der im Garten half, hatte ein großes Problem.**

Manuel, who helped in the garden, had a deep problem.

**Manuel war spielsüchtig nach der chinesischen Lotterie.**

Manuel was addicted to gambling in the Chinese lottery.

**Er glaubte auch fest an ein festes System zum Gewinnen.**

He also believed strongly in a fixed system for winning.

**Dieser Glaube machte sein Scheitern sicher und unvermeidlich.**

That belief made his failure certain and unavoidable.

**Um ein System zu spielen, braucht man Geld, und das fehlte Manuel.**

Playing a system demands money, which Manuel lacked.

**Sein Gehalt reichte kaum zum Überleben seiner Frau und seiner vielen Kinder.**

His pay barely supported his wife and many children.

**In der Nacht, in der Manuel Buck verriet, war alles normal.**

On the night Manuel betrayed Buck, things were normal.

**Der Richter war bei einem Treffen der Rosinenanbauervereinigung.**

The Judge was at a Raisin Growers' Association meeting.

**Die Söhne des Richters waren damals damit beschäftigt, einen Sportverein zu gründen.**

The Judge's sons were busy forming an athletic club then.

**Niemand sah, wie Manuel und Buck durch den Obstgarten gingen.**

No one saw Manuel and Buck leaving through the orchard.

**Buck dachte, dieser Spaziergang sei nur ein einfacher nächtlicher Spaziergang.**

Buck thought this walk was just a simple nighttime stroll.

**Sie trafen nur einen Mann an der Flaggenstation im College Park.**

They met only one man at the flag station, in College Park.

**Dieser Mann sprach mit Manuel und sie tauschten Geld aus.**

That man spoke to Manuel, and they exchanged money.

**„Verpacken Sie die Waren, bevor Sie sie ausliefern", schlug er vor**

"Wrap up the goods before you deliver them," he suggested

**Die Stimme des Mannes war rau und ungeduldig, als er sprach.**

The man's voice was rough and impatient as he spoke.

**Manuel band Buck vorsichtig ein dickes Seil um den Hals.**

Manuel carefully tied a thick rope around Buck's neck.

**„Verdreh das Seil, und du wirst ihn gründlich erwürgen"**

"Twist the rope, and you'll choke him plenty"

**Der Fremde gab ein Grunzen von sich und zeigte damit, dass er gut verstanden hatte.**

The stranger gave a grunt, showing he understood well.

**Buck nahm das Seil an diesem Tag mit ruhiger und stiller Würde an.**

Buck accepted the rope with calm and quiet dignity that day.

**Es war eine ungewöhnliche Tat, aber Buck vertraute den Männern, die er kannte.**

It was an unusual act, but Buck trusted the men he knew.

**Er glaubte, dass ihre Weisheit weit über sein eigenes Denken hinausging.**

He believed their wisdom went far beyond his own thinking.

**Doch dann wurde das Seil in die Hände des Fremden gegeben**

But then the rope was handed to the hands of the stranger

**Buck stieß ein leises, warnendes und zugleich bedrohliches Knurren aus.**

Buck gave a low growl that warned with quiet menace.

**Er war stolz und gebieterisch und wollte seinen Unmut zum Ausdruck bringen.**

He was proud and commanding, and meant to show his displeasure.

**Buck glaubte, seine Warnung würde als Befehl verstanden werden.**

Buck believed his warning would be understood as an order.

**Zu seinem Entsetzen zog sich das Seil schnell um seinen dicken Hals zusammen.**

To his shock, the rope tightened fast around his thick neck.

**Ihm blieb die Luft weg und er begann in plötzlicher Wut zu kämpfen.**

His air was cut off and he began to fight in a sudden rage.

**Er sprang auf den Mann zu, der Buck schnell mitten in der Luft traf.**

He sprang at the man, who quickly met Buck in mid-air.

**Der Mann packte Buck am Hals und drehte ihn geschickt in der Luft.**

The man grabbed Buck's throat and skillfully twisted him in the air.

**Buck wurde hart zu Boden geworfen und landete flach auf dem Rücken.**

Buck was thrown down hard, landing flat on his back.

**Das Seil würgte ihn nun grausam, während er wild um sich trat.**

The rope now choked him cruelly while he kicked wildly.

**Seine Zunge fiel heraus, seine Brust hob und senkte sich, doch er bekam keine Luft.**

His tongue fell out, his chest heaved, but gained no breath.

**Noch nie in seinem Leben war er mit solcher Gewalt behandelt worden.**

He had never been treated with such violence in his life.

**Auch war er noch nie zuvor von solch tiefer Wut erfüllt gewesen.**

He had also never been filled with such deep fury before.

**Doch Bucks Kraft schwand und seine Augen wurden glasig.**

But Buck's power faded, and his eyes turned glassy.

**Er wurde ohnmächtig, als in der Nähe ein Zug angehalten wurde.**

He passed out just as a train was flagged down nearby.

**Dann warfen ihn die beiden Männer schnell in den Gepäckwagen.**

Then the two men tossed him into the baggage car quickly.

**Das nächste, was Buck spürte, war ein Schmerz in seiner geschwollenen Zunge.**

The next thing Buck felt was pain in his swollen tongue.

**Er bewegte sich in einem wackelnden Wagen und war nur schwach bei Bewusstsein.**

He was moving in a shaking cart, only dimly conscious.

**Das schrille Pfeifen eines Zuges verriet Buck seinen Standort.**

The sharp scream of a train whistle told Buck his location.

**Er war oft mit dem Richter mitgefahren und kannte das Gefühl.**

He had often ridden with the Judge and knew the feeling.

**Es war der einzigartige Schock, wieder in einem Gepäckwagen zu reisen.**

It was the unique jolt of traveling in a baggage car again.

**Buck öffnete die Augen und sein Blick brannte vor Wut.**

Buck opened his eyes, and his gaze burned with rage.

**Dies war der Zorn eines stolzen Königs, der vom Thron gejagt wurde.**

This was the anger of a proud king taken from his throne.

**Ein Mann wollte ihn packen, doch stattdessen schlug Buck zuerst zu.**

A man reached to grab him, but Buck struck first instead.

**Er versenkte seine Zähne in der Hand des Mannes und hielt sie fest.**

He sank his teeth into the man's hand and held tightly.

**Er ließ nicht los, bis er ein zweites Mal ohnmächtig wurde.**

He did not let go until he blacked out a second time.

**„Ja, hat Anfälle", murmelte der Mann dem Gepäckträger zu.**

"Yep, has fits," the man muttered to the baggageman.

**Der Gepäckträger hatte den Kampf gehört und war näher gekommen.**

The baggageman had heard the struggle and come near.

**„Ich bringe ihn für den Chef nach Frisco", erklärte der Mann.**

"I'm taking him to 'Frisco for the boss," the man explained.

**„Dort gibt es einen tollen Hundearzt, der sagt, er könne sie heilen."**

"There's a fine dog-doctor there who says he can cure them."

**Später in der Nacht gab der Mann seinen eigenen ausführlichen Bericht ab.**

Later that night the man gave his own full account.

**Er sprach aus einem Schuppen hinter einem Saloon am Hafen.**

He spoke from a shed behind a saloon on the docks.

**„Ich habe nur fünfzig Dollar bekommen", beschwerte er sich beim Wirt.**

"All I was given was fifty dollars," he complained to the saloon man.

**„Ich würde es nicht noch einmal tun, nicht einmal für tausend Dollar in bar."**

"I wouldn't do it again, not even for a thousand in cold cash."

**Seine rechte Hand war fest in ein blutiges Tuch gewickelt.**

His right hand was tightly wrapped in a bloody cloth.

**Sein Hosenbein war vom Knie bis zum Fuß weit aufgerissen.**

His trouser leg was torn wide open from knee to foot.

**„Wie viel hat der andere Trottel verdient?", fragte der Wirt.**

"How much did the other mug get paid?" asked the saloon man.

**„Hundert", antwortete der Mann, „einen Cent weniger würde er nicht nehmen."**

"A hundred," the man replied, "he wouldn't take a cent less."

**„Das macht hundertfünfzig", sagte der Kneipenmann.**

"That comes to a hundred and fifty," the saloon man said.

**„Und er ist das alles wert, sonst bin ich nicht besser als ein Dummkopf."**

"And he's worth it all, or I'm no better than a blockhead."

**Der Mann öffnete die Verpackung, um seine Hand zu untersuchen.**

The man opened the wrappings to examine his hand.

**Die Hand war stark zerrissen und mit getrocknetem Blut verkrustet.**

The hand was badly torn and crusted in dried blood.

**„Wenn ich keine Tollwut bekomme ...", begann er zu sagen.**

"If I don't get the hydrophobia..." he began to say.

**„Das liegt wohl daran, dass du zum Hängen geboren wurdest", ertönte ein Lachen.**

"It'll be because you were born to hang," came a laugh.

**„Komm und hilf mir, bevor du gehst", wurde er gebeten.**

"Come help me out before you get going," he was asked.

**Buck war von den Schmerzen in seiner Zunge und seinem Hals benommen.**

Buck was in a daze from the pain in his tongue and throat.

**Er war halb erwürgt und konnte kaum noch aufrecht stehen.**

He was half-strangled, and could barely stand upright.

**Dennoch versuchte Buck, den Männern gegenüberzutreten, die ihm so viel Leid zugefügt hatten.**

Still, Buck tried to face the men who had hurt him so.

**Aber sie warfen ihn nieder und würgten ihn erneut.**

But they threw him down and choked him once again.

**Erst dann konnten sie sein schweres Messinghalsband absägen.**

Only then could they saw off his heavy brass collar.

**Sie entfernten das Seil und stießen ihn in eine Kiste.**

They removed the rope and shoved him into a crate.

**Die Kiste war klein und hatte die Form eines groben Eisenkäfigs.**

The crate was small and shaped like a rough iron cage.

**Buck lag die ganze Nacht dort, voller Zorn und verletztem Stolz.**

Buck lay there all night, filled with wrath and wounded pride.

**Er konnte nicht einmal ansatzweise verstehen, was mit ihm geschah.**

He could not begin to understand what was happening to him.

**Warum hielten ihn diese fremden Männer in dieser kleinen Kiste fest?**

Why were these strange men keeping him in this small crate?

**Was wollten sie von ihm und warum diese grausame Gefangenschaft?**

What did they want with him, and why this cruel captivity?

**Er spürte einen dunklen Druck, das Gefühl, dass das Unglück näher rückte.**

He felt a dark pressure; a sense of disaster drawing closer.

**Es war eine vage Angst, die ihn jedoch schwer belastete.**

It was a vague fear, but it settled heavily on his spirit.

**Mehrmals sprang er auf, als die Schuppentür klapperte.**

Several times he jumped up when the shed door rattled.

**Er erwartete, dass der Richter oder die Jungen erscheinen und ihn retten würden.**

He expected the Judge or the boys to appear and rescue him.

**Doch jedes Mal lugte nur das dicke Gesicht des Wirts hinein.**

But only the saloon-keeper's fat face peeked inside each time.

Das Gesicht des Mannes wurde vom schwachen Schein einer Talgkerze erhellt.

The man's face was lit by the dim glow of a tallow candle.

Jedes Mal verwandelte sich Bucks freudiges Bellen in ein leises, wütendes Knurren.

Each time, Buck's joyful bark changed to a low, angry growl.


Der Wirt ließ ihn für die Nacht allein in der Kiste zurück

The saloon-keeper left him alone for the night in the crate

Aber als er am Morgen aufwachte, kamen noch mehr Männer.

But when he awoke in the morning more men were coming.

Vier Männer kamen und hoben die Kiste vorsichtig und wortlos auf.

Four men came and gingerly picked up the crate without a word.

Buck wusste sofort, in welcher Situation er sich befand.

Buck knew at once the situation he found himself in.

Sie waren weitere Peiniger, die er bekämpfen und fürchten musste.

They were further tormentors that he had to fight and fear.

Diese Männer sahen böse, zerlumpt und sehr ungepflegt aus.

These men looked wicked, ragged, and very badly groomed.

Buck knurrte und stürzte sich wild durch die Gitterstäbe auf sie.

Buck snarled and lunged at them fiercely through the bars.

Sie lachten nur und stießen mit langen Holzstöcken nach ihm.

They just laughed and jabbed at him with long wooden sticks.

Buck biss in die Stöcke, dann wurde ihm klar, dass es das war, was ihnen gefiel.

Buck bit at the sticks, then realized that was what they liked.

Also legte er sich ruhig hin, mürrisch und vor stiller Wut brennend.

So he lay down quietly, sullen and burning with quiet rage.

**Sie hoben die Kiste auf einen Wagen und fuhren mit ihm weg.**

They lifted the crate into a wagon and drove away with him.

**Die Kiste mit Buck darin wechselte oft den Besitzer.**

The crate, with Buck locked inside, changed hands often.

**Express-Büroangestellte übernahmen die Leitung und kümmerten sich kurz um ihn.**

Express office clerks took charge and handled him briefly.

**Dann transportierte ein anderer Wagen Buck durch die laute Stadt.**

Then another wagon carried Buck across the noisy town.

**Ein Lastwagen brachte ihn mit Kisten und Paketen auf eine Fähre.**

A truck took him with boxes and parcels onto a ferry boat.

**Nach der Überquerung lud ihn der Lastwagen an einem Bahndepot ab.**

After crossing, the truck unloaded him at a rail depot.

**Schließlich wurde Buck in einen wartenden Expresswagen gesetzt.**

At last, Buck was placed inside a waiting express car.

**Zwei Tage und Nächte lang zogen Züge den Schnellzug ab.**

For two days and nights, trains pulled the express car away.

**Buck hat während der gesamten schmerzhaften Reise weder gegessen noch getrunken.**

Buck neither ate nor drank during the whole painful journey.

**Als die Expressboten versuchten, sich ihm zu nähern, knurrte er.**

When the express messengers tried to approach him, he growled.

**Sie reagierten, indem sie ihn verspotteten und grausam hänselten.**

They responded by mocking him and teasing him cruelly.

**Buck warf sich schäumend und zitternd gegen die Gitterstäbe**

Buck threw himself at the bars, foaming and shaking

**Sie lachten laut und verspotteten ihn wie Schulhofschläger.**

they laughed loudly, and taunted him like schoolyard bullies.

**Sie bellten wie falsche Hunde und wedelten mit den Armen.**

They barked like fake dogs and flapped their arms.

**Sie krähten sogar wie Hähne, nur um ihn noch mehr aufzuregen.**

They even crowed like roosters just to upset him more.

**Es war dummes Verhalten und Buck wusste, dass es lächerlich war.**

It was foolish behavior, and Buck knew it was ridiculous.

**Doch das verstärkte seine Empörung und Scham nur noch.**

But that only deepened his sense of outrage and shame.

**Der Hunger plagte ihn während der Reise kaum.**

He was not bothered much by hunger during the trip.

**Doch der Durst brachte starke Schmerzen und unerträgliches Leiden mit sich.**

But thirst brought sharp pain and unbearable suffering.

**Sein trockener, entzündeter Hals und seine Zunge brannten vor Hitze.**

His dry, inflamed throat and tongue burned with heat.

**Dieser Schmerz schürte das Fieber, das in seinem stolzen Körper aufstieg.**

This pain fed the fever rising within his proud body.

**Buck war während dieses Prozesses für eine einzige Sache dankbar.**

Buck was thankful for one single thing during this trial.

**Das Seil um seinen dicken Hals war entfernt worden.**

The rope had been removed from around his thick neck.

**Das Seil hatte diesen Männern einen unfairen und grausamen Vorteil verschafft.**

The rope had given those men an unfair and cruel advantage.

**Jetzt war das Seil weg und Buck schwor, dass es nie wieder zurückkommen würde.**

Now the rope was gone, and Buck swore it would never return.

**Er beschloss, sich nie wieder ein Seil um den Hals legen zu lassen.**

He resolved no rope would ever go around his neck again.

**Zwei lange Tage und Nächte litt er ohne Essen.**

For two long days and nights, he suffered without food.

**Und in diesen Stunden baute sich in ihm eine enorme Wut auf.**

And in those hours, he built up an enormous rage inside.

**Seine Augen wurden vor ständiger Wut blutunterlaufen und wild.**

His eyes turned bloodshot and wild from constant anger.

**Er war nicht mehr Buck, sondern ein Dämon mit schnappenden Kiefern.**

He was no longer Buck, but a demon with snapping jaws.

**Nicht einmal der Richter hätte dieses verrückte Wesen erkannt.**

Even the Judge would not have known this mad creature.

**Die Expressboten atmeten erleichtert auf, als sie Seattle erreichten**

The express messengers sighed in relief when they reached Seattle

**Vier Männer hoben die Kiste hoch und brachten sie in einen Hinterhof.**

Four men lifted the crate and brought it to a back yard.

**Der Hof war klein und von hohen, massiven Mauern umgeben.**

The yard was small, surrounded by high and solid walls.

**Ein großer Mann in einem ausgeleierten roten Pullover kam heraus.**

A big man stepped out in a sagging red sweater shirt.

**Mit dicker, kühner Handschrift unterschrieb er das Lieferbuch.**

He signed the delivery book with a thick and bold hand.

**Buck spürte sofort, dass dieser Mann sein nächster Peiniger war.**

Buck sensed at once that this man was his next tormentor.

**Er stürzte sich heftig auf die Gitterstäbe, die Augen rot vor Wut.**

He lunged violently at the bars, eyes red with fury.

**Der Mann lächelte nur finster und holte ein Beil.**

The man just smiled darkly and went to fetch a hatchet.

**Er brachte auch eine Keule in seiner dicken und starken rechten Hand mit.**

He also brought a club in his thick and strong right hand.

**„Wollen Sie ihn jetzt rausholen?", fragte der Fahrer besorgt.**

"You going to take him out now?" the driver asked, concerned.

**„Sicher", sagte der Mann und rammte das Beil als Hebel in die Kiste.**

"Sure," said the man, jamming the hatchet into the crate as a lever.

**Die vier Männer stoben sofort auseinander und sprangen auf die Hofmauer.**

The four men scattered instantly, jumping up onto the yard wall.

**Von ihren sicheren Plätzen oben warteten sie, um das Spektakel zu beobachten.**

From their safe spots above, they waited to watch the spectacle.

**Buck stürzte sich auf das zersplitterte Holz, biss und zitterte heftig.**

Buck lunged at the splintered wood, biting and shaking fiercely.

**Jedes Mal, wenn die Axt den Käfig traf, war Buck da, um ihn anzugreifen.**

Each time the hatchet hit the cage), Buck was there to attack it.

**Er knurrte und schnappte vor wilder Wut und wollte unbedingt freigelassen werden.**

He growled and snapped with wild rage, eager to be set free.

**Der Mann draußen war ruhig und gelassen und konzentrierte sich auf seine Aufgabe.**

The man outside was calm and steady, intent on his task.

**„Also gut, du rotäugiger Teufel", sagte er, als das Loch groß war.**

"Right then, you red-eyed devil," he said when the hole was large.

**Er ließ das Beil fallen und nahm die Keule in die rechte Hand.**

He dropped the hatchet and took the club in his right hand.

**Buck sah wirklich aus wie ein Teufel; seine Augen blutunterlaufen und lodernd.**

Buck truly looked like a devil; eyes bloodshot and blazing.

**Sein Fell sträubte sich, Schaum stand ihm vor dem Mund, seine Augen funkelten.**

His coat bristled, foam frothed at his mouth, eyes glinting.

**Er spannte seine Muskeln an und sprang direkt auf den roten Pullover zu.**

He bunched his muscles and sprang straight at the red sweater.

**Hundertvierzig Pfund Wut prasselten auf den ruhigen Mann zu.**

One hundred and forty pounds of fury flew at the calm man.

**Kurz bevor er die Zähne zusammenbiss, traf ihn ein schrecklicher Schlag.**

Just before his jaws clamped shut, a terrible blow struck him.

**Seine Zähne schnappten zusammen, nur Luft war im Spiel.**

His teeth snapped together on nothing but air

**ein Schmerz durchfuhr seinen Körper**

a jolt of pain reverberated through his body

**Er machte einen Überschlag in der Luft und stürzte auf dem Rücken und der Seite zu Boden.**

He flipped midair and crashed down on his back and side.

**Er hatte noch nie zuvor einen Knüppelschlag gespürt und konnte ihn nicht begreifen.**

He had never before felt a club's blow and could not grasp it.

**Mit einem kreischenden Knurren, das teils Bellen, teils Schreien war, sprang er erneut.**

With a shrieking snarl, part bark, part scream, he leaped again.

**Ein weiterer brutaler Schlag traf ihn und schleuderte ihn zu Boden.**

Another brutal strike hit him and hurled him to the ground.

**Diesmal verstand Buck – es war die schwere Keule des Mannes.**

This time Buck understood — it was the man's heavy club.

**Doch die Wut machte ihn blind, und an einen Rückzug dachte er nicht.**

But rage blinded him, and he had no thought of retreat.

**Zwölfmal stürzte er sich in die Luft, und zwölfmal fiel er.**

Twelve times he launched himself, and twelve times he fell.

**Der Holzknüppel traf ihn jedes Mal mit unbarmherziger, vernichtender Kraft.**

The wooden club smashed him each time with ruthless, crushing force.

**Nach einem heftigen Schlag kam er benommen und langsam wieder auf die Beine.**

After one fierce blow, he staggered to his feet, dazed and slow.

**Blut lief aus seinem Mund, seiner Nase und sogar seinen Ohren.**

Blood ran from his mouth, his nose, and even his ears.

**Sein einst so schönes Fell war mit blutigem Schaum verschmiert.**

His once-beautiful coat was smeared with bloody foam.

**Dann trat der Mann vor und versetzte ihm einen heftigen Schlag auf die Nase.**

Then the man stepped up and struck a wicked blow to the nose.

**Die Qualen waren schlimmer als alles, was Buck je gespürt hatte.**

The agony was sharper than anything Buck had ever felt.

**Mit einem Brüllen, das eher an ein Tier als an einen Hund erinnerte, sprang er erneut zum Angriff.**

With a roar more beast than dog, he leaped again to attack.

**Doch der Mann packte seinen Unterkiefer und drehte ihn nach hinten.**

But the man caught his lower jaw and twisted it backward.

**Buck überschlug sich kopfüber und stürzte erneut hart auf den Boden.**

Buck flipped head over heels, crashing down hard again.

**Ein letztes Mal stürmte Buck auf ihn zu, jetzt konnte er kaum noch stehen.**

One final time, Buck charged at him, now barely able to stand.

Der Mann schlug mit perfektem Timing zu und versetzte den letzten Schlag.

The man struck with expert timing, delivering the final blow.

Buck brach bewusstlos und regungslos zusammen.

Buck collapsed in a heap, unconscious and unmoving.

„Er ist kein Stümper im Hundezähmen, das sage ich", rief ein Mann.

"He's no slouch at dog-breaking, that's what I say," a man yelled.

„Druther kann den Willen eines Hundes an jedem Tag der Woche brechen."

"Druther can break the will of a hound any day of the week."

„Und zweimal an einem Sonntag!", fügte der Fahrer hinzu.

"And twice on a Sunday!" added the driver.

Er stieg in den Wagen und ließ die Zügel knacken, um loszufahren.

He climbed into the wagon and cracked the reins to leave.

Buck erlangte langsam die Kontrolle über sein Bewusstsein zurück

Buck slowly regained control of his consciousness

aber sein Körper war noch zu schwach und gebrochen, um sich zu bewegen.

but his body was still too weak and broken to move.

Er blieb liegen, wo er hingefallen war, und beobachtete den Mann im roten Pullover.

He lay where he had fallen, watching the red-sweatered man.

„Er hört auf den Namen Buck", sagte der Mann und las laut vor.

"He answers to the name of Buck," the man said, reading aloud.

Er zitierte aus der Notiz und den Einzelheiten, die mit Bucks Kiste geschickt wurden.

He quoted from the note sent with Buck's crate and details.

„Also, Buck, mein Junge", fuhr der Mann freundlich fort,

"Well, Buck, my boy," the man continued with a friendly tone,

„Wir hatten unseren kleinen Streit, und jetzt ist es zwischen uns vorbei."

"we've had our little fight, and now it's over between us."

**„Sie haben Ihren Platz kennengelernt und ich habe meinen kennengelernt", fügte er hinzu.**

"You've learned your place, and I've learned mine," he added.

**„Sei brav, dann wird alles gut und das Leben wird angenehm sein."**

"Be good, and all will go well, and life will be pleasant."

**„Aber wenn du böse bist, schlage ich dir die Seele aus dem Leib, verstanden?"**

"But be bad, and I'll beat the stuffing out of you, understand?"

**Während er sprach, streckte er die Hand aus und tätschelte Bucks schmerzenden Kopf.**

As he spoke, he reached out and patted Buck's sore head.

**Bucks Haare stellten sich bei der Berührung des Mannes auf, aber er wehrte sich nicht.**

Buck's hair rose at the man's touch, but he didn't resist.

**Der Mann brachte ihm Wasser, das Buck in großen Schlucken trank.**

The man brought him water, which Buck drank in great gulps.

**Dann kam rohes Fleisch, das Buck Stück für Stück verschlang.**

Then came raw meat, which Buck devoured chunk by chunk.

**Er wusste, dass er geschlagen war, aber er wusste auch, dass er nicht gebrochen war.**

He knew he was beaten, but he also knew he wasn't broken.

**Gegen einen mit einer Keule bewaffneten Mann hatte er keine Chance.**

He had no chance against a man armed with a club.

**Er hatte die Wahrheit erfahren und diese Lektion nie vergessen.**

He had learned the truth, and he never forgot that lesson.

**Diese Waffe war der Beginn des Gesetzes in Bucks neuer Welt.**

That weapon was the beginning of law in Buck's new world.

**Es war der Beginn einer harten, primitiven Ordnung, die er nicht leugnen konnte.**

It was the start of a harsh, primitive order he could not deny.

Er akzeptierte die Wahrheit; seine wilden Instinkte waren
nun erwacht.

He accepted the truth; his wild instincts were now awake.

Die Welt war härter geworden, aber Buck stellte sich ihr
tapfer.

The world had grown harsher, but Buck faced it bravely.

Er begegnete dem Leben mit neuer Vorsicht, List und stiller
Stärke.

He met life with new caution, cunning, and quiet strength.

Weitere Hunde kamen an, an Seilen oder in Kisten
festgebunden, so wie Buck.

More dogs arrived, tied in ropes or crates like Buck had been.

Einige Hunde kamen ruhig, andere tobten und kämpften
wie wilde Tiere.

Some dogs came calmly, others raged and fought like wild
beasts.

Sie alle wurden der Herrschaft des Mannes im roten
Pullover unterworfen.

All of them were brought under the rule of the red-sweatered
man.

Jedes Mal sah Buck zu und sah, wie sich ihm die gleiche
Lektion erschloss.

Each time, Buck watched and saw the same lesson unfold.

Der Mann mit der Keule war das Gesetz, ein Herr, dem man
gehorchen musste.

The man with the club was law; a master to be obeyed.

Er musste nicht gemocht werden, aber man musste ihm
gehorchen.

He did not need to be liked, but he had to be obeyed.

Buck schmeichelte oder wedelte nie mit dem Schwanz, wie
es die schwächeren Hunde taten.

Buck never fawned or wagged like the weaker dogs did.

Er sah Hunde, die geschlagen wurden und trotzdem die
Hand des Mannes leckten.

He saw dogs that were beaten and still licked the man's hand.

Er sah einen Hund, der überhaupt nicht gehorchte oder sich
unterwarf.

He saw one dog who would not obey or submit at all.

**Dieser Hund kämpfte, bis er im Kampf um die Kontrolle getötet wurde.**

That dog fought until he was killed in the battle for control.

**Manchmal kamen Fremde, um den Mann im roten Pullover zu sehen.**

Strangers would sometimes come to see the red-sweatered man.

**Sie sprachen in seltsamem Ton, flehten, feilschten und lachten.**

They spoke in strange tones, pleading, bargaining, and laughing.

**Als das Geld ausgetauscht wurde, gingen sie mit einem oder mehreren Hunden.**

When money was exchanged, they left with one or more dogs.

**Buck fragte sich, wohin diese Hunde gingen, denn keiner kam jemals zurück.**

Buck wondered where these dogs went, for none ever returned.

**Angst vor dem Unbekannten erfüllte Buck jedes Mal, wenn ein fremder Mann kam**

fear of the unknown filled Buck every time a strange man came

**Er war jedes Mal froh, wenn ein anderer Hund mitgenommen wurde und nicht er selbst.**

he was glad each time another dog was taken, rather than himself.

**Doch schließlich kam Buck an die Reihe, als ein fremder Mann eintraf.**

But finally, Buck's turn came with the arrival of a strange man.

**Er war klein, drahtig und sprach gebrochenes Englisch und fluchte.**

He was small, wiry, and spoke in broken English and curses.

**„Heilig!", schrie er, als er Bucks Gestalt erblickte.**

"Sacredam!" he yelled when he laid eyes on Buck's frame.

**„Das ist aber ein verdammter Rüpel! Wie viel?", fragte er laut.**

"That's one damn bully dog! Eh? How much?" he asked aloud.

**„Dreihundert, und für diesen Preis ist er ein Geschenk."**

"Three hundred, and he's a present at that price,"

**„Da es sich um staatliche Gelder handelt, sollten Sie sich nicht beschweren, Perrault."**

"Since it's government money, you shouldn't complain, Perrault."

**Perrault grinste über den Deal, den er gerade mit dem Mann gemacht hatte.**

Perrault grinned at the deal he had just made with the man.

**Aufgrund der plötzlichen Nachfrage waren die Preise für Hunde in die Höhe geschossen.**

The price of dogs had soared due to the sudden demand.

**Dreihundert Dollar waren für so ein tolles Tier nicht unfair.**

Three hundred dollars wasn't unfair for such a fine beast.

**Die kanadische Regierung würde bei dem Abkommen nichts verlieren**

The Canadian Government would not lose anything in the deal

**Auch ihre offiziellen Depeschen würden während des Transports nicht verzögert.**

Nor would their official dispatches be delayed in transit.

**Perrault kannte sich gut mit Hunden aus und erkannte, dass Buck etwas Seltenes war.**

Perrault knew dogs well, and could see Buck was something rare.

**„Einer von zehntausend", dachte er, als er Bucks Körperbau betrachtete.**

"One in ten ten-thousand," he thought, as he studied Buck's build.

**Buck sah, wie das Geld den Besitzer wechselte, zeigte sich jedoch nicht überrascht.**

Buck saw the money change hands, but showed no surprise.

**Bald wurden er und Curly, ein sanfter Neufundländer, weggeführt.**

Soon he and Curly, a gentle Newfoundland, were led away.

**Sie folgten dem kleinen Mann aus dem Hof des roten Pullovers.**

They followed the little man from the red sweater's yard.

**Das war das letzte Mal, dass Buck den Mann mit der Holzkeule sah.**

That was the last Buck ever saw of the man with the wooden club.

**Vom Deck der Narwhal aus beobachtete er, wie Seattle in der Ferne verschwand.**

From the Narwhal's deck he watched Seattle fade into the distance.

**Es war auch das letzte Mal, dass er das warme Südland sah.**

It was also the last time he ever saw the warm Southland.

**Perrault brachte sie unter Deck und ließ sie bei François zurück.**

Perrault took them below deck, and left them with François.

**François war ein Riese mit schwarzem Gesicht und rauen, schwieligen Händen.**

François was a black-faced giant with rough, calloused hands.

**Er war dunkelhäutig und hatte eine dunkle Hautfarbe, ein französisch-kanadischer Mischling.**

He was dark and swarthy; a half-breed French-Canadian.

**Für Buck waren diese Männer von einer Art, die er noch nie zuvor gesehen hatte.**

To Buck, these men were of a kind he had never seen before.

**Er würde in den kommenden Tagen viele solcher Männer kennenlernen.**

He would come to know many such men in the days ahead.

**Er konnte sie zwar nicht lieb gewinnen, aber er begann, sie zu respektieren.**

He did not grow fond of them, but he came to respect them.

**Sie waren fair und weise und ließen sich von keinem Hund so leicht täuschen.**

They were fair and wise, and not easily fooled by any dog.

**Sie beurteilten Hunde ruhig und bestraften sie nur, wenn es angebracht war.**

They judged dogs calmly, and punished only when deserved.

**Im Unterdeck der Narwhal trafen Buck und Curly zwei Hunde.**

In the Narwhal's lower deck, Buck and Curly met two dogs.

**Einer war ein großer weißer Hund aus dem fernen, eisigen Spitzbergen.**

One was a large white dog from far-off, icy Spitzbergen.

**Er war einmal mit einem Walfänger gesegelt und hatte sich einer Erkundungsgruppe angeschlossen.**

He'd once sailed with a whaler and joined a survey group.

**Er war auf eine schlaue, hinterhältige und listige Art freundlich.**

He was friendly in a sly, underhanded and crafty fashion.

**Bei ihrer ersten Mahlzeit stahl er ein Stück Fleisch aus Bucks Pfanne.**

At their first meal, he stole a piece of meat from Buck's pan.

**Buck sprang, um ihn zu bestrafen, aber François' Peitsche schlug zuerst zu.**

Buck jumped to punish him, but François's whip struck first.

**Der weiße Dieb schrie auf und Buck holte sich den gestohlenen Knochen zurück.**

The white thief yelped, and Buck reclaimed the stolen bone.

**Diese Fairness beeindruckte Buck und François verdiente sich seinen Respekt.**

That fairness impressed Buck, and François earned his respect.

**Der andere Hund grüßte nicht und wollte auch nichts zurück.**

The other dog gave no greeting, and wanted none in return.

**Er stahl weder Essen noch beschnüffelte er die Neuankömmlinge interessiert.**

He didn't steal food, nor sniff at the new arrivals with interest.

**Dieser Hund war grimmig und ruhig, düster und bewegte sich langsam.**

This dog was grim and quiet, gloomy and slow-moving.

**Er warnte Curly, sich fernzuhalten, indem er sie einfach anstarrte.**

He warned Curly to stay away by simply glaring at her.

**Seine Botschaft war klar: Lass mich in Ruhe, sonst gibt es Ärger.**

His message was clear; leave me alone or there'll be trouble.

**Er hieß Dave und nahm seine Umgebung kaum wahr.**

He was called Dave, and he barely noticed his surroundings.

**Er schlief oft, aß ruhig und gähnte ab und zu.**

He slept often, ate quietly, and yawned now and again.


**Das Schiff summte ständig, während unten der Propeller schlug.**

The ship hummed constantly with the beating propeller below.

**Die Tage vergingen, ohne dass sich viel änderte, aber das Wetter wurde kälter.**

Days passed with little change, but the weather got colder.

**Buck spürte es in seinen Knochen und bemerkte, dass es den anderen genauso ging.**

Buck could feel it in his bones, and noticed the others did too.

**Dann blieb eines Morgens der Propeller stehen und alles war still.**

Then one morning, the propeller stopped and all was still.

**Eine Energie durchströmte das Schiff; etwas hatte sich verändert.**

An energy swept through the ship; something had changed.

**François kam herunter, legte ihnen die Leinen an und brachte sie hoch.**

François came down, clipped them on leashes, and brought them up.

**Buck stieg aus und fand den Boden weich, weiß und kalt.**

Buck stepped out and found the ground soft, white, and cold.

**Er sprang erschrocken zurück und schnaubte völlig verwirrt.**

He jumped back in alarm and snorted in total confusion.

**Seltsames weißes Zeug fiel vom grauen Himmel.**

Strange white stuff was falling from the gray sky.

**Er schüttelte sich, aber die weißen Flocken landeten immer wieder auf ihm.**

He shook himself, but the white flakes kept landing on him.

Er roch vorsichtig an dem weißen Zeug und leckte an ein paar eisigen Stückchen.

He sniffed the white stuff carefully and licked at a few icy bits.

Das Pulver brannte wie Feuer und verschwand dann einfach von seiner Zunge.

The powder burned like fire, then vanished right off his tongue.

Buck versuchte es noch einmal und war verwirrt über die seltsame, verschwindende Kälte.

Buck tried again, puzzled by the odd vanishing coldness.

Die Männer um ihn herum lachten und Buck war verlegen.

The men around him laughed, and Buck felt embarrassed.

Er wusste nicht warum, aber er schämte sich für seine Reaktion.

He didn't know why, but he was ashamed of his reaction.

Es war seine erste Erfahrung mit Schnee und es verwirrte ihn.

It was his first experience with snow, and it confused him.

## Das Gesetz von Keule und Fang
### The Law of Club and Fang

**Bucks erster Tag am Strand von Dyea fühlte sich wie ein schrecklicher Albtraum an.**

Buck's first day on the Dyea beach felt like a terrible nightmare.

**Jede Stunde brachte neue Schocks und unerwartete Veränderungen für Buck.**

Each hour brought new shocks and unexpected changes for Buck.

**Er war aus der Zivilisation gerissen und ins wilde Chaos gestürzt worden.**

He had been pulled from civilization and thrown into wild chaos.

**Dies war kein sonniges, faules Leben mit Langeweile und Ruhe.**

This was no sunny, lazy life with boredom and rest.

**Es gab keinen Frieden, keine Ruhe und keinen Moment ohne Gefahr.**

There was no peace, no rest, and no moment without danger.

**Überall herrschte Verwirrung und die Gefahr war immer in der Nähe.**

Confusion ruled everything, and danger was always close.

**Buck musste wachsam bleiben, denn diese Männer und Hunde waren anders.**

Buck had to stay alert because these men and dogs were different.

**Sie kamen nicht aus der Stadt, sie waren wild und gnadenlos.**

They were not from towns; they were wild and without mercy.

**Diese Männer und Hunde kannten nur das Gesetz der Keule und der Reißzähne.**

These men and dogs only knew the law of club and fang.

**Buck hatte noch nie Hunde so kämpfen sehen wie diese wilden Huskys.**

Buck had never seen dogs fight like these savage huskies.

**Seine erste Erfahrung lehrte ihn eine Lektion, die er nie vergessen würde.**

His first experience taught him a lesson he would never forget.

**Er hatte Glück, dass er es nicht war, sonst wäre auch er gestorben.**

He was lucky it was not him, or he would have died too.

**Curly war derjenige, der litt, während Buck zusah und lernte.**

Curly was the one who suffered while Buck watched and learned.

**Sie hatten ihr Lager in der Nähe eines aus Baumstämmen gebauten Ladens aufgeschlagen.**

They had made camp near a store built from logs.

**Curly versuchte, einem großen, wolfsähnlichen Husky gegenüber freundlich zu sein.**

Curly tried to be friendly to a large, wolf-like husky.

**Der Husky war kleiner als Curly, sah aber wild und böse aus.**

The husky was smaller than Curly, but looked wild and mean.

**Ohne Vorwarnung sprang er auf und schlug ihr ins Gesicht.**

Without warning, he jumped and slashed her face open.

**Seine Zähne schnitten in einer Bewegung von ihrem Auge bis zu ihrem Kiefer.**

His teeth cut from her eye down to her jaw in one move.

**So kämpften Wölfe: Sie schlugen schnell zu und sprangen weg.**

This was how wolves fought—hit fast and jump away.

**Aber es gab mehr zu lernen als nur diesen einen Angriff.**

But there was more to learn than from that one attack.

**Dutzende Huskys stürmten herein und bildeten einen stillen Kreis.**

Dozens of huskies rushed in and made a silent circle.

**Sie schauten aufmerksam zu und leckten sich hungrig die Lippen.**

They watched closely and licked their lips with hunger.

**Buck verstand weder ihr Schweigen noch ihre begierigen Blicke.**

Buck didn't understand their silence or their eager eyes.

**Curly stürzte sich ein zweites Mal auf den Husky, um ihn anzugreifen.**

Curly rushed to attack the husky a second time.

**Mit einer kräftigen Bewegung seiner Brust warf er sie um.**

He used his chest to knock her over with a strong move.

**Sie fiel auf die Seite und konnte nicht wieder aufstehen.**

She fell on her side and could not get back up.

**Darauf hatten die anderen die ganze Zeit gewartet.**

That was what the others had been waiting for all along.

**Die Huskies sprangen sie an und jaulten und knurrten wie wild.**

The huskies jumped on her, yelping and snarling in a frenzy.

**Sie schrie, als sie unter einem Haufen Hunde begruben.**

She screamed as they buried her under a pile of dogs.

**Der Angriff erfolgte so schnell, dass Buck vor Schreck erstarrte.**

The attack was so fast that Buck froze in place with shock.

**Er sah, wie Spitz die Zunge herausstreckte, als würde er lachen.**

He saw Spitz stick out his tongue in a way that looked like a laugh.

**François schnappte sich eine Axt und rannte direkt in die Hundegruppe hinein.**

François grabbed an axe and ran straight into the group of dogs.

**Drei weitere Männer halfen mit Knüppeln, die Huskies zu vertreiben.**

Three other men used clubs to help beat the huskies away.

**In nur zwei Minuten war der Kampf vorbei und die Hunde waren verschwunden.**

In just two minutes, the fight was over and the dogs were gone.

**Curly lag tot im roten, zertrampelten Schnee, ihr Körper war zerfetzt.**

Curly lay dead in the red, trampled snow, her body torn apart.

**Ein dunkelhäutiger Mann stand über ihr und verfluchte die brutale Szene.**

A dark-skinned man stood over her, cursing the brutal scene.

**Die Erinnerung blieb bei Buck und verfolgte ihn nachts in seinen Träumen.**

The memory stayed with Buck and haunted his dreams at night.

**So war es hier: keine Fairness, keine zweite Chance.**

That was the way here; no fairness, no second chance.

**Sobald ein Hund fiel, töteten die anderen ihn gnadenlos.**

Once a dog fell, the others would kill without mercy.

**Buck beschloss damals, dass er niemals zulassen würde, dass er fällt.**

Buck decided then that he would never allow himself to fall.

**Spitz streckte erneut die Zunge heraus und lachte über das Blut.**

Spitz stuck out his tongue again and laughed at the blood.

**Von diesem Moment an hasste Buck Spitz aus vollem Herzen.**

From that moment on, Buck hated Spitz with all his heart.


**Bevor Buck sich von Curlys Tod erholen konnte, passierte etwas Neues.**

Before Buck could recover from Curly's death, something new happened.

**François kam herüber und schnallte etwas um Bucks Körper.**

François came over and strapped something around Buck's body.

**Es war ein Geschirr wie das, das auf der Ranch für Pferde verwendet wurde.**

It was a harness like the ones used on horses at the ranch.

**Buck hatte gesehen, wie Pferde arbeiteten, und nun musste auch er arbeiten.**

As Buck had seen horses work, now he was made to work too.

**Er musste François auf einem Schlitten in den nahegelegenen Wald ziehen.**

He had to pull François on a sled into the forest nearby.

**Anschließend musste er eine Ladung schweres Brennholz zurückziehen.**

Then he had to pull back a load of heavy firewood.

**Buck war stolz und deshalb tat es ihm weh, wie ein Arbeitstier behandelt zu werden.**

Buck was proud, so it hurt him to be treated like a work animal.

**Aber er war klug und versuchte nicht, gegen die neue Situation anzukämpfen.**

But he was wise and didn't try to fight the new situation.

**Er akzeptierte sein neues Leben und gab bei jeder Aufgabe sein Bestes.**

He accepted his new life and gave his best in every task.

**Alles an der Arbeit war ihm fremd und ungewohnt.**

Everything about the work was strange and unfamiliar to him.

**François war streng und verlangte unverzüglichen Gehorsam.**

François was strict and demanded obedience without delay.

**Seine Peitsche sorgte dafür, dass jeder Befehl sofort befolgt wurde.**

His whip made sure that every command was followed at once.

**Dave war der Schlittenführer, der Hund, der dem Schlitten hinter Buck am nächsten war.**

Dave was the wheeler, the dog nearest the sled behind Buck.

**Dave biss Buck in die Hinterbeine, wenn er einen Fehler machte.**

Dave bit Buck on the back legs if he made a mistake.

**Spitz war der Leithund und in dieser Rolle geschickt und erfahren.**

Spitz was the lead dog, skilled and experienced in the role.

**Spitz konnte Buck nicht leicht erreichen, korrigierte ihn aber trotzdem.**

Spitz could not reach Buck easily, but still corrected him.

**Er knurrte barsch oder zog den Schlitten auf eine Art, die Buck etwas beibrachte.**

He growled harshly or pulled the sled in ways that taught Buck.

**Durch dieses Training lernte Buck schneller, als alle erwartet hatten.**

Under this training, Buck learned faster than any of them expected.

**Er hat hart gearbeitet und sowohl von François als auch von den anderen Hunden gelernt.**

He worked hard and learned from both François and the other dogs.

**Als sie zurückkamen, kannte Buck die wichtigsten Befehle bereits.**

By the time they returned, Buck already knew the key commands.

**Von François hat er gelernt, beim Laut „ho" anzuhalten.**

He learned to stop at the sound of "ho" from François.

**Er lernte, wann er den Schlitten ziehen und rennen musste.**

He learned when he had to pull the sled and run.

**Er lernte, in den Kurven des Weges ohne Probleme weit abzubiegen.**

He learned to turn wide at bends in the trail without trouble.

**Er lernte auch, Dave auszuweichen, wenn der Schlitten schnell bergab fuhr.**

He also learned to avoid Dave when the sled went downhill fast.

**„Das sind sehr gute Hunde", sagte François stolz zu Perrault.**

"They're very good dogs," François proudly told Perrault.

**„Dieser Buck zieht wie der Teufel – ich bringe ihm das so schnell bei, wie ich nur kann."**

"That Buck pulls like hell—I teach him quick as anything."


**Später am Tag kam Perrault mit zwei weiteren Huskys zurück.**

Later that day, Perrault came back with two more husky dogs.

**Ihre Namen waren Billee und Joe und sie waren Brüder.**

Their names were Billee and Joe, and they were brothers.

**Sie stammten von derselben Mutter, waren sich aber überhaupt nicht ähnlich.**

They came from the same mother, but were not alike at all.

**Billee war gutmütig und zu allen sehr freundlich.**

Billee was sweet-natured and too friendly with everyone.

**Joe war das Gegenteil – ruhig, wütend und immer am Knurren.**

Joe was the opposite—quiet, angry, and always snarling.

**Buck begrüßte sie freundlich und blieb beiden gegenüber ruhig.**

Buck greeted them in a friendly way and was calm with both.

**Dave schenkte ihnen keine Beachtung und blieb wie üblich still.**

Dave paid no attention to them and stayed silent as usual.

**Um seine Dominanz zu demonstrieren, griff Spitz zuerst Billee und dann Joe an.**

Spitz attacked first Billee, then Joe, to show his dominance.

**Billee wedelte mit dem Schwanz und versuchte, freundlich zu Spitz zu sein.**

Billee wagged his tail and tried to be friendly to Spitz.

**Als das nicht funktionierte, versuchte er stattdessen wegzulaufen.**

When that didn't work, he tried to run away instead.

**Er weinte traurig, als Spitz ihn fest in die Seite biss.**

He cried sadly when Spitz bit him hard on the side.

**Aber Joe war ganz anders und ließ sich nicht einschüchtern.**

But Joe was very different and refused to be bullied.

**Jedes Mal, wenn Spitz näher kam, drehte sich Joe schnell um, um ihm in die Augen zu sehen.**

Every time Spitz came near, Joe spun to face him fast.

**Sein Fell sträubte sich, seine Lippen kräuselten sich und seine Zähne schnappten wild.**

His fur bristled, his lips curled, and his teeth snapped wildly.

**Joes Augen glänzten vor Angst und Wut und forderten Spitz heraus, zuzuschlagen.**

Joe's eyes gleamed with fear and rage, daring Spitz to strike.

**Spitz gab den Kampf auf und wandte sich gedemütigt und wütend ab.**

Spitz gave up the fight and turned away, humiliated and angry.

**Er ließ seine Frustration an dem armen Billee aus und jagte ihn davon.**

He took out his frustration on poor Billee and chased him away.

**An diesem Abend fügte Perrault dem Team einen weiteren Hund hinzu.**

That evening, Perrault added one more dog to the team.

**Dieser Hund war alt, mager und mit Kampfnarben übersät.**

This dog was old, lean, and covered in battle scars.

**Eines seiner Augen fehlte, doch das andere blitzte kraftvoll auf.**

One of his eyes was missing, but the other flashed with power.

**Der neue Hund hieß Solleks, was „der Wütende" bedeutet.**

The new dog's name was Solleks, which meant the Angry One.

**Wie Dave verlangte Solleks nichts von anderen und gab nichts zurück.**

Like Dave, Solleks asked nothing from others, and gave nothing back.

**Als Solleks langsam ins Lager ging, blieb sogar Spitz fern.**

When Solleks walked slowly into camp, even Spitz stayed away.

**Er hatte eine seltsame Angewohnheit, die Buck unglücklicherweise entdeckte.**

He had a strange habit that Buck was unlucky to discover.

**Solleks hasste es, von der Seite angesprochen zu werden, auf der er blind war.**

Solleks hated being approached on the side where he was blind.

**Buck wusste das nicht und machte diesen Fehler versehentlich.**

Buck did not know this and made that mistake by accident.

**Solleks wirbelte herum und versetzte Buck einen schnellen, tiefen Schlag auf die Schulter.**

Solleks spun around and slashed Buck's shoulder deep and fast.

**Von diesem Moment an kam Buck nie wieder in die Nähe von Solleks' blinder Seite.**

From that moment on, Buck never came near Solleks' blind side.

**Für den Rest ihrer gemeinsamen Zeit gab es nie wieder Probleme.**

They never had trouble again for the rest of their time together.

**Solleks wollte nur in Ruhe gelassen werden, wie der ruhige Dave.**

Solleks wanted only to be left alone, like quiet Dave.

**Doch Buck erfuhr später, dass jeder von ihnen ein anderes geheimes Ziel hatte.**

But Buck would later learn they each had another secret goal.

**In dieser Nacht stand Buck vor einer neuen und beunruhigenden Herausforderung: Wie sollte er schlafen?**

That night Buck faced a new and troubling challenge—how to sleep.

**Das Zelt leuchtete warm im Kerzenlicht auf dem schneebedeckten Feld.**

The tent glowed warmly with candlelight in the snowy field.

**Buck ging hinein und dachte, er könnte sich dort wie zuvor ausruhen.**

Buck walked inside, thinking he could rest there like before.

**Aber Perrault und François schrien ihn an und warfen Pfannen.**

But Perrault and François yelled at him and threw pans.

**Schockiert und verwirrt rannte Buck in die eisige Kälte hinaus.**

Shocked and confused, Buck ran out into the freezing cold.

**Ein bitterkalter Wind stach ihm in die verletzte Schulter und ließ seine Pfoten erfrieren.**

A bitter wind stung his wounded shoulder and froze his paws.

**Er legte sich in den Schnee und versuchte, im Freien zu schlafen.**

He lay down in the snow and tried to sleep out in the open.

**Doch die Kälte zwang ihn bald, heftig zitternd wieder aufzustehen.**

But the cold soon forced him to get back up, shaking badly.

**Er wanderte durch das Lager und versuchte, ein wärmeres Plätzchen zu finden.**

He wandered through the camp, trying to find a warmer spot.

**Aber jede Ecke war genauso kalt wie die vorherige.**

But every corner was just as cold as the one before.

**Manchmal sprangen ihn wilde Hunde aus der Dunkelheit an.**

Sometimes savage dogs jumped at him from the darkness.

**Buck sträubte sein Fell, fletschte die Zähne und knurrte warnend.**

Buck bristled his fur, bared his teeth, and snarled with warning.

**Er lernte schnell und die anderen Hunde zogen sich schnell zurück.**

He was learning fast, and the other dogs backed off quickly.

**Trotzdem hatte er keinen Platz zum Schlafen und keine Ahnung, was er tun sollte.**

Still, he had no place to sleep, and no idea what to do.

**Endlich kam ihm ein Gedanke: Er sollte nach seinen Teamkollegen sehen.**

At last, a thought came to him—check on his team-mates.

**Er kehrte in ihre Gegend zurück und war überrascht, dass sie verschwunden waren.**

He returned to their area and was surprised to find them gone.

**Erneut durchsuchte er das Lager, konnte sie jedoch immer noch nicht finden.**

Again he searched the camp, but still could not find them.

**Er wusste, dass sie nicht im Zelt sein durften, sonst wäre er auch dort gewesen.**

He knew they could not be in the tent, or he would be too.

**Wo also waren all die Hunde in diesem eisigen Lager geblieben?**

So where had all the dogs gone in this frozen camp?

**Buck, kalt und elend, umrundete langsam das Zelt.**

Buck, cold and miserable, slowly circled around the tent.

**Plötzlich sanken seine Vorderbeine in den weichen Schnee und er erschrak.**

Suddenly, his front legs sank into soft snow and startled him.

**Etwas zappelte unter seinen Füßen und er sprang ängstlich zurück.**

Something wriggled under his feet, and he jumped back in fear.

**Er knurrte und fauchte, ohne zu wissen, was sich unter dem Schnee verbarg.**

He growled and snarled, not knowing what lay beneath the snow.

**Dann hörte er ein freundliches kleines Bellen, das seine Angst linderte.**

Then he heard a friendly little bark that eased his fear.

**Er schnüffelte in der Luft und kam näher, um zu sehen, was verborgen war.**

He sniffed the air and came closer to see what was hidden.

**Unter dem Schnee lag, zu einer warmen Kugel zusammengerollt, der kleine Billee.**

Under the snow, curled into a warm ball, was little Billee.

**Billee wedelte mit dem Schwanz und leckte Bucks Gesicht zur Begrüßung.**

Billee wagged his tail and licked Buck's face to greet him.

**Buck sah, wie Billee im Schnee einen Schlafplatz gebaut hatte.**

Buck saw how Billee had made a sleeping place in the snow.

**Er hatte sich eingegraben und nutzte seine eigene Wärme, um sich warm zu halten.**

He had dug down and used his own heat to stay warm.

**Buck hatte eine weitere Lektion gelernt – so schliefen die Hunde.**

Buck had learned another lesson—this was how the dogs slept.

**Er suchte sich eine Stelle aus und begann, sein eigenes Loch in den Schnee zu graben.**

He picked a spot and started digging his own hole in the snow.

**Anfangs bewegte er sich zu viel und verschwendete Energie.**

At first, he moved around too much and wasted energy.

**Doch bald erwärmte sein Körper den Raum und er fühlte sich sicher.**

But soon his body warmed the space, and he felt safe.

**Er rollte sich fest zusammen und schlief bald fest.**

He curled up tightly, and before long he was fast asleep.

**Der Tag war lang und hart gewesen und Buck war erschöpft.**

The day had been long and hard, and Buck was exhausted.

**Er schlief tief und fest, obwohl seine Träume wild waren.**

He slept deeply and comfortably, though his dreams were wild.

**Er knurrte und bellte im Schlaf und wand sich im Traum.**

He growled and barked in his sleep, twisting as he dreamed.

**Buck wachte erst auf, als im Lager bereits Leben erwachte.**

Buck didn't wake up until the camp was already coming to life.

**Zuerst wusste er nicht, wo er war oder was passiert war.**

At first, he didn't know where he was or what had happened.

**Über Nacht war Schnee gefallen und hatte seinen Körper vollständig begraben.**

Snow had fallen overnight and completely buried his body.

**Der Schnee umgab ihn von allen Seiten dicht.**

The snow pressed in around him, tight on all sides.

**Plötzlich durchfuhr eine Welle der Angst Bucks ganzen Körper.**

Suddenly a wave of fear rushed through Buck's entire body.

**Es war die Angst, gefangen zu sein, eine Angst aus tiefen Instinkten.**

It was the fear of being trapped, a fear from deep instincts.

**Obwohl er noch nie eine Falle gesehen hatte, lebte die Angst in ihm.**

Though he had never seen a trap, the fear lived inside him.

**Er war ein zahmer Hund, aber jetzt erwachten seine alten wilden Instinkte.**

He was a tame dog, but now his old wild instincts were waking.

**Bucks Muskeln spannten sich an und sein Fell stellte sich auf seinem ganzen Rücken auf.**

Buck's muscles tensed, and his fur stood up all over his back.

**Er knurrte wild und sprang senkrecht durch den Schnee nach oben.**

He snarled fiercely and sprang straight up through the snow.

**Als er ins Tageslicht trat, flog Schnee in alle Richtungen.**

Snow flew in every direction as he burst into the daylight.

**Schon vor der Landung sah Buck das Lager vor sich ausgebreitet.**

Even before landing, Buck saw the camp spread out before him.

**Er erinnerte sich auf einmal an alles vom Vortag.**

He remembered everything from the day before, all at once.

**Er erinnerte sich daran, wie er mit Manuel spazieren gegangen war und an diesem Ort gelandet war.**

He remembered strolling with Manuel and ending up in this place.

**Er erinnerte sich daran, wie er das Loch gegraben hatte und in der Kälte eingeschlafen war.**

He remembered digging the hole and falling asleep in the cold.

**Jetzt war er wach und die wilde Welt um ihn herum war klar.**

Now he was awake, and the wild world around him was clear.

**Ein Ruf von François begrüßte Bucks plötzliches Auftauchen.**

A shout from François hailed Buck's sudden appearance.

**„Was habe ich gesagt?", rief der Hundeführer Perrault laut zu.**

"What did I say?" the dog-driver cried loudly to Perrault.

**„Dieser Buck lernt wirklich sehr schnell", fügte François hinzu.**

"That Buck for sure learns quick as anything," François added.

**Perrault nickte ernst und war offensichtlich mit dem Ergebnis zufrieden.**

Perrault nodded gravely, clearly pleased with the result.

**Als Kurier für die kanadische Regierung beförderte er Depeschen.**

As a courier for the Canadian Government, he carried dispatches.

**Er war bestrebt, die besten Hunde für seine wichtige Mission zu finden.**

He was eager to find the best dogs for his important mission.

**Er war besonders erfreut, dass Buck nun Teil des Teams war.**

He felt especially pleased now that Buck was part of the team.

**Innerhalb einer Stunde kamen drei weitere Huskies zum Team hinzu.**

Three more huskies were added to the team within an hour.

**Damit betrug die Gesamtzahl der Hunde im Team neun.**

That brought the total number of dogs on the team to nine.

**Innerhalb von fünfzehn Minuten lagen alle Hunde im Geschirr.**

Within fifteen minutes all the dogs were in their harnesses.

**Das Schlittenteam schwang sich den Weg hinauf in Richtung Dyea Cañon.**

The sled team was swinging up the trail toward Dyea Cañon.

**Buck war froh, gehen zu können, auch wenn die Arbeit, die vor ihm lag, hart war.**

Buck felt glad to be leaving, even if the work ahead was hard.

**Er stellte fest, dass er weder die Arbeit noch die Kälte besonders verabscheute.**

He found he did not particularly despise the labor or the cold.

**Er war überrascht von der Begeisterung, die das gesamte Team erfüllte.**

He was surprised by the eagerness that filled the whole team.

**Noch überraschender war die Veränderung, die bei Dave und Solleks vor sich ging.**

Even more surprising was the change that had come over Dave and Solleks.

**Diese beiden Hunde waren völlig unterschiedlich, als sie ein Geschirr trugen.**

These two dogs were entirely different when they were harnessed.

**Ihre Passivität und Sorglosigkeit waren völlig verschwunden.**

Their passiveness and lack of concern had completely disappeared.

**Sie waren aufmerksam und aktiv und bestrebt, ihre Arbeit gut zu machen.**

They were alert and active, and eager to do their work well.

**Sie reagierten äußerst verärgert über alles, was zu Verzögerungen oder Verwirrung führte.**

They grew fiercely irritated at anything that caused delay or confusion.

**Die harte Arbeit an den Zügeln stand im Mittelpunkt ihres gesamten Wesens.**

The hard work on the reins was the center of their entire being.

**Das Schlittenziehen schien das Einzige zu sein, was ihnen wirklich Spaß machte.**

Sled pulling seemed to be the only thing they truly enjoyed.

**Dave war am Ende der Gruppe und dem Schlitten am nächsten.**

Dave was at the back of the group, closest to the sled itself.

**Buck landete vor Dave und Solleks zog an Buck vorbei.**

Buck was placed in front of Dave, and Solleks pulled ahead of Buck.

**Die übrigen Hunde liefen in einer Reihe vorn.**

The rest of the dogs were strung out ahead in a single file.

**Die Führungsposition an der Spitze besetzte Spitz.**

The lead position at the front was filled by Spitz.

**Buck war zur Einweisung zwischen Dave und Solleks platziert worden.**

Buck had been placed between Dave and Solleks for instruction.

**Er lernte schnell und sie waren strenge und fähige Lehrer.**

He was a quick learner, and they were firm and capable teachers.

**Sie ließen nie zu, dass Buck lange im Irrtum blieb.**

They never allowed Buck to remain in error for long.

**Sie erteilten ihre Lektionen, wenn nötig, mit scharfen Zähnen.**

They taught their lessons with sharp teeth when needed.

**Dave war fair und zeigte eine ruhige, ernste Art von Weisheit.**

Dave was fair and showed a quiet, serious kind of wisdom.

**Er hat Buck nie ohne guten Grund gebissen.**

He never bit Buck without a good reason to do so.

**Aber er hat es nie versäumt, zuzubeißen, wenn Buck eine Korrektur brauchte.**

But he never failed to bite when Buck needed correction.

**François' Peitsche war immer bereit und untermauerte ihre Autorität.**

François's whip was always ready and backed up their authority.

**Buck merkte bald, dass es besser war zu gehorchen, als sich zu wehren.**

Buck soon found it was better to obey than to fight back.

**Einmal verhedderte sich Buck während einer kurzen Pause in den Zügeln.**

Once, during a short rest, Buck got tangled in the reins.

**Er verzögerte den Start und brachte die Bewegungen des Teams durcheinander.**

He delayed the start and confused the team's movement.

**Dave und Solleks stürzten sich auf ihn und verprügelten ihn brutal.**

Dave and Solleks flew at him and gave him a rough beating.

**Das Gewirr wurde nur noch schlimmer, aber Buck lernte seine Lektion.**

The tangle only got worse, but Buck learned his lesson well.

**Von da an hielt er die Zügel straff und arbeitete vorsichtig.**

From then on, he kept the reins taut, and worked carefully.

**Bevor der Tag zu Ende war, hatte Buck einen Großteil seiner Aufgabe gemeistert.**

Before the day ended, Buck had mastered much of his task.

**Seine Teamkollegen hörten fast auf, ihn zu korrigieren oder zu beißen.**

His teammates almost stopped correcting or biting him.

**François' Peitsche knallte immer seltener durch die Luft.**

François's whip cracked through the air less and less often.

**Perrault hob sogar Bucks Füße an und untersuchte sorgfältig jede Pfote.**

Perrault even lifted Buck's feet and carefully examined each paw.

**Es war ein harter Tageslauf gewesen, lang und anstrengend für alle.**

It had been a hard day's run, long and exhausting for them all.

**Sie reisten den Cañon hinauf, durch Sheep Camp und an den Scales vorbei.**

They travelled up the Cañon, through Sheep Camp, and past the Scales.

**Sie überquerten die Baumgrenze, dann Gletscher und meterhohe Schneeverwehungen.**

They crossed the timber line, then glaciers and snowdrifts many feet deep.

**Sie erklommen die große, kalte und unwirtliche Chilkoot-Wasserscheide.**

They climbed the great cold and forbidding Chilkoot Divide.

**Dieser hohe Bergrücken lag zwischen Salzwasser und dem gefrorenen Landesinneren.**

That high ridge stood between salt water and the frozen interior.

**Die Berge bewachten den traurigen und einsamen Norden mit Eis und steilen Anstiegen.**

The mountains guarded the sad and lonely North with ice and steep climbs.

**Sie kamen gut voran und erreichten eine lange Kette von Seen unterhalb der Wasserscheide.**

They made good time down a long chain of lakes below the divide.

**Diese Seen füllten die alten Krater erloschener Vulkane.**

Those lakes filled the ancient craters of extinct volcanoes.

**Spät in der Nacht erreichten sie ein großes Lager am Lake Bennett.**

Late that night, they reached a large camp at Lake Bennett.

**Tausende Goldsucher waren dort und bauten Boote für den Frühling.**

Thousands of gold seekers were there, building boats for spring.

**Das Eis würde bald aufbrechen und sie mussten bereit sein.**

The ice was going break up soon, and they had to be ready.

**Buck grub sein Loch in den Schnee und fiel in einen tiefen Schlaf.**

Buck dug his hole in the snow and fell into a deep sleep.

**Er schlief wie ein Arbeiter, erschöpft von einem harten Arbeitstag.**

He slept like a working man, exhausted from the harsh day of toil.

**Doch zu früh wurde er in der Dunkelheit aus dem Schlaf gerissen.**

But too early in the darkness, he was dragged from sleep.

**Er wurde wieder mit seinen Kumpels angeschirrt und vor den Schlitten gespannt.**

He was harnessed with his mates again and attached to the sled.

**An diesem Tag legten sie sechzig Kilometer zurück, weil der Schnee festgetreten war.**

That day they made forty miles, because the snow was well trodden.

**Am nächsten Tag und noch viele Tage danach war der Schnee weich.**

The next day, and for many days after, the snow was soft.

**Sie mussten den Weg selbst bahnen, härter arbeiten und langsamer vorankommen.**

They had to make the path themselves, working harder and moving slower.

**Normalerweise ging Perrault mit Schwimmhäuten an den Schneeschuhen vor dem Team her.**

Usually, Perrault walked ahead of the team with webbed snowshoes.

**Seine Schritte verdichteten den Schnee und erleichterten so die Fortbewegung des Schlittens.**

His steps packed the snow, making it easier for the sled to move.

**François, der vom Steuerstand aus steuerte, übernahm manchmal die Kontrolle.**

François, who steered from the gee-pole, sometimes took over.

**Aber es kam selten vor, dass François die Führung übernahm**

But it was rare that François took the lead

**weil Perrault es eilig hatte, die Briefe und Pakete auszuliefern.**

because Perrault was in a rush to deliver the letters and parcels.

**Perrault war stolz auf sein Wissen über Schnee und insbesondere Eis.**

Perrault was proud of his knowledge of snow, and especially ice.

**Dieses Wissen war von entscheidender Bedeutung, da das Eis im Herbst gefährlich dünn war.**

That knowledge was essential, because fall ice was dangerously thin.

**Wo das Wasser unter der Oberfläche schnell floss, gab es überhaupt kein Eis.**

Where water flowed fast beneath the surface, there was no ice at all.

**Tag für Tag wiederholte sich endlos die gleiche Routine.**
Day after day, the same routine repeated without end.
**Buck arbeitete unermüdlich von morgens bis abends in den Zügeln.**
Buck toiled endlessly in the reins from dawn until night.
**Sie verließen das Lager im Dunkeln, lange bevor die Sonne aufgegangen war.**
They left camp in the dark, long before the sun had risen.
**Als es Tag wurde, hatten sie bereits viele Kilometer zurückgelegt.**
By the time daylight came, many miles were already behind them.
**Sie schlugen ihr Lager nach Einbruch der Dunkelheit auf, aßen Fisch und gruben sich in den Schnee ein.**
They pitched camp after dark, eating fish and burrowing into snow.
**Buck war immer hungrig und mit seiner Ration nie wirklich zufrieden.**
Buck was always hungry and never truly satisfied with his ration.
**Er erhielt jeden Tag anderthalb Pfund getrockneten Lachs.**
He received a pound and a half of dried salmon each day.
**Doch das Essen schien in ihm zu verschwinden und ließ den Hunger zurück.**
But the food seemed to vanish inside him, leaving hunger behind.
**Er litt unter ständigem Hunger und träumte von mehr Essen.**
He suffered from constant pangs of hunger, and dreamed of more food.
**Die anderen Hunde haben nur ein Pfund abgenommen, sind aber stark geblieben.**
The other dogs got only one pound, but they stayed strong.
**Sie waren kleiner und in das Leben im Norden hineingeboren.**

They were smaller, and had been born into the northern life.

**Er verlor rasch die Sorgfalt, die sein früheres Leben geprägt hatte.**

He swiftly lost the fastidiousness which had marked his old life.

**Er war ein gieriger Esser gewesen, aber jetzt war das nicht mehr möglich.**

He had been a dainty eater, but now that was no longer possible.

**Seine Kameraden waren zuerst fertig und raubten ihm seine noch nicht aufgegessene Ration.**

His mates finished first and robbed him of his unfinished ration.

**Als sie einmal damit anfingen, gab es keine Möglichkeit mehr, sein Essen vor ihnen zu verteidigen.**

Once they began there was no way to defend his food from them.

**Während er zwei oder drei Hunde abwehrte, stahlen die anderen den Rest.**

While he fought off two or three dogs, the others stole the rest.

**Um dies zu beheben, begann er, so schnell zu essen wie die anderen.**

To fix this, he began eating as fast as the others ate.

**Der Hunger trieb ihn so sehr an, dass er sogar Essen zu sich nahm, das ihm nicht gehörte.**

Hunger pushed him so hard that he even took food not his own.

**Er beobachtete die anderen und lernte schnell aus ihren Handlungen.**

He watched the others and learned quickly from their actions.

**Er sah, wie Pike, ein neuer Hund, Perrault eine Scheibe Speck stahl.**

He saw Pike, a new dog, steal a slice of bacon from Perrault.

**Pike hatte gewartet, bis Perrault sich umdrehte, um den Speck zu stehlen.**

Pike had waited until Perrault's back was turned to steal the bacon.

**Am nächsten Tag machte Buck es Pike nach und stahl das ganze Stück.**

The next day, Buck copied Pike and stole the whole chunk.

**Es folgte ein großer Aufruhr, doch Buck wurde nicht verdächtigt.**

A great uproar followed, but Buck was not suspected.

**Stattdessen wurde Dub bestraft, ein tollpatschiger Hund, der immer erwischt wurde.**

Dub, a clumsy dog who always got caught, was punished instead.

**Dieser erste Diebstahl machte Buck zu einem Hund, der in der Lage war, im Norden zu überleben.**

That first theft marked Buck as a dog fit to survive the North.

**Er zeigte, dass er sich an neue Bedingungen anpassen und schnell lernen konnte.**

He showed he could adapt to new conditions and learn quickly.

**Ohne diese Anpassungsfähigkeit wäre er schnell und auf schlimme Weise gestorben.**

Without such adaptability, he would have died swiftly and badly.

**Es markierte auch den Zusammenbruch seiner moralischen Natur und seiner früheren Werte.**

It also marked the breakdown of his moral nature and past values.

**Im Südland hatte er nach dem Gesetz der Liebe und Güte gelebt.**

In the Southland, he had lived under the law of love and kindness.

**Dort war es sinnvoll, Eigentum und die Gefühle anderer Hunde zu respektieren.**

There it made sense to respect property and other dogs' feelings.

**Aber das Nordland befolgte das Gesetz der Keule und das Gesetz der Reißzähne.**

But the Northland followed the law of club and the law of fang.

**Wer hier alte Werte respektierte, war dumm und würde scheitern.**

Whoever respected old values here was foolish and would fail.

**Buck hat das alles nicht durchdacht.**

Buck did not reason all this out in his mind.

**Er war fit und passte sich daher an, ohne darüber nachdenken zu müssen.**

He was fit, and so he adjusted without needing to think.

**Sein ganzes Leben lang war er noch nie vor einem Kampf davongelaufen.**

All his life, he had never run away from a fight.

**Doch die Holzkeule des Mannes im roten Pullover änderte diese Regel.**

But the wooden club of the man in the red sweater changed that rule.

**Jetzt folgte er einem tieferen, älteren Code, der in sein Wesen eingeschrieben war.**

Now he followed a deeper, older code written into his being.

**Er stahl nicht aus Vergnügen, sondern aus Hunger.**

He did not steal out of pleasure, but from the pain of hunger.

**Er raubte nie offen, sondern stahl mit List und Sorgfalt.**

He never robbed openly, but stole with cunning and care.

**Er handelte aus Respekt vor der Holzkeule und aus Angst vor dem Fangzahn.**

He acted out of respect for the wooden club and fear of the fang.

**Kurz gesagt, er hat das getan, was einfacher und sicherer war, als es nicht zu tun.**

In short, he did what was easier and safer than not doing it.

**Seine Entwicklung – oder vielleicht seine Rückkehr zu alten Instinkten – verlief schnell.**

His development—or perhaps his return to old instincts—was fast.

**Seine Muskeln verhärteten sich, bis sie sich stark wie Eisen anfühlten.**

His muscles hardened until they felt as strong as iron.

**Schmerzen machten ihm nichts mehr aus, es sei denn, sie waren ernst.**

He no longer cared about pain, unless it was serious.

**Er wurde durch und durch effizient und verschwendete überhaupt nichts.**

He became efficient inside and out, wasting nothing at all.

**Er konnte Dinge essen, die scheußlich, verdorben oder schwer verdaulich waren.**

He could eat things that were vile, rotten, or hard to digest.

**Was auch immer er aß, sein Magen verbrauchte das letzte bisschen davon.**

Whatever he ate, his stomach used every last bit of value.

**Sein Blut transportierte die Nährstoffe weit durch seinen kräftigen Körper.**

His blood carried the nutrients far through his powerful body.

**Dadurch baute er starkes Gewebe auf, das ihm eine unglaubliche Ausdauer verlieh.**

This built strong tissues that gave him incredible endurance.

**Sein Seh- und Geruchssinn wurden viel feiner als zuvor.**

His sight and smell became much more sensitive than before.

**Sein Gehör wurde so scharf, dass er im Schlaf leise Geräusche wahrnehmen konnte.**

His hearing grew so sharp he could detect faint sounds in sleep.

**In seinen Träumen wusste er, ob die Geräusche Sicherheit oder Gefahr bedeuteten.**

He knew in his dreams whether the sounds meant safety or danger.

**Er lernte, mit den Zähnen auf das Eis zwischen seinen Zehen zu beißen.**

He learned to bite the ice between his toes with his teeth.

**Wenn ein Wasserloch zufror, brach er das Eis mit seinen Beinen.**

If a water hole froze over, he would break the ice with his legs.

**Er bäumte sich auf und schlug mit seinen steifen Vorderbeinen hart auf das Eis.**

He reared up and struck the ice hard with stiff front limbs.

**Seine bemerkenswerteste Fähigkeit war die Vorhersage von Windänderungen über Nacht.**

His most striking ability was predicting wind changes overnight.

**Selbst bei Windstille suchte er sich windgeschützte Stellen aus.**

Even when the air was still, he chose spots sheltered from wind.

**Wo auch immer er sein Nest grub, der Wind des nächsten Tages strich an ihm vorbei.**

Wherever he dug his nest, the next day's wind passed him by.

**Er landete immer gemütlich und geschützt, in Lee der Brise.**

He always ended up snug and protected, to leeward of the breeze.

**Buck hat nicht nur durch Erfahrung gelernt – auch seine Instinkte sind zurückgekehrt.**

Buck not only learned by experience—his instincts returned too.

**Die Gewohnheiten der domestizierten Generationen begannen zu verschwinden.**

The habits of domesticated generations began to fall away.

**Er erinnerte sich vage an die alten Zeiten seiner Rasse.**

In vague ways, he remembered the ancient times of his breed.

**Er dachte an die Zeit zurück, als wilde Hunde in Rudeln durch die Wälder rannten.**

He thought back to when wild dogs ran in packs through forests.

**Sie hatten ihre Beute gejagt und getötet, während sie sie verfolgten.**

They had chased and killed their prey while running it down.

**Buck lernte leicht, mit Biss und Schnelligkeit zu kämpfen.**

It was easy for Buck to learn how to fight with tooth and speed.

**Er verwendete Schnitte, Hiebe und schnelle Schnappschüsse, genau wie seine Vorfahren.**

He used cuts, slashes, and quick snaps just like his ancestors.

**Diese Vorfahren regten sich in ihm und erweckten seine wilde Natur.**

Those ancestors stirred within him and awoke his wild nature.

**Ihre alten Fähigkeiten waren ihm durch die Blutlinie vererbt worden.**

Their old skills had passed into him through the bloodline.

**Ihre Tricks gehörten ihm nun, ohne dass er üben oder sich anstrengen musste.**

Their tricks were his now, with no need for practice or effort.

**In stillen, kalten Nächten hob Buck die Nase und heulte.**

On still, cold nights, Buck lifted his nose and howled.

**Er heulte lang und tief, so wie es die Wölfe vor langer Zeit getan hatten.**

He howled long and deep, the way wolves had done long ago.

**Durch ihn streckten seine toten Vorfahren ihre Nasen und heulten.**

Through him, his dead ancestors pointed their noses and howled.

**Sie heulten durch die Jahrhunderte mit seiner Stimme und Gestalt.**

They howled down through the centuries in his voice and shape.

**Seine Kadenzen waren ihre, alte Schreie, die von Kummer und Kälte erzählten.**

His cadences were theirs, old cries that told of grief and cold.

**Sie sangen von Dunkelheit, Hunger und der Bedeutung des Winters.**

They sang of darkness, of hunger, and the meaning of winter.

**Buck bewies, wie das Leben von Kräften jenseits des eigenen Ichs geprägt wird.**

Buck proved of how life is shaped by forces beyond oneself,

**Das uralte Lied stieg durch Buck auf und ergriff seine Seele.**

the ancient song rose through Buck and took hold of his soul.

**Er fand sich selbst, weil Menschen im Norden Gold gefunden hatten.**

He found himself because men had found gold in the North.

**Und er fand sich selbst, weil Manuel, der Gärtnergehilfe, Geld brauchte.**
And he found himself because Manuel, the gardener's helper, needed money.

## Das dominante Urtier
The Dominant Primordial Beast

**In Buck war das dominante Urtier so stark wie eh und je.**
The dominant primordial beast was as strong as ever in Buck.

**Doch das dominante Urtier hatte in ihm geschlummert.**
But the dominant primordial beast had lain dormant in him.

**Das Leben auf dem Trail war hart, aber es stärkte das Tier in Buck.**
Trail life was harsh, but it strengthened beast inside Buck.

**Insgeheim wurde das Biest von Tag zu Tag stärker.**
Secretly the beast grew stronger and stronger every day.

**Doch dieses innere Wachstum blieb der Außenwelt verborgen.**
But that inner growth stayed hidden to the outside world.

**In Buck baute sich eine stille und ruhige Urkraft auf.**
A quiet and calm primordial force was building inside Buck.

**Neue Gerissenheit verlieh Buck Gleichgewicht, Ruhe und Selbstbeherrschung.**
New cunning gave Buck balance, calm control, and poise.

**Buck konzentrierte sich sehr auf die Anpassung und fühlte sich nie völlig entspannt.**
Buck focused hard on adapting, never feeling fully relaxed.

**Er ging Konflikten aus dem Weg, fing nie Streit an und suchte auch nie Ärger.**
He avoided conflict, never starting fights, nor seeking trouble.

**Jede Bewegung von Buck war von langsamer, stetiger Nachdenklichkeit geprägt.**
A slow, steady thoughtfulness shaped Buck's every move.

**Er vermied überstürzte Entscheidungen und plötzliche, rücksichtslose Entschlüsse.**
He avoided rash choices and sudden, reckless decisions.

**Obwohl Buck Spitz zutiefst hasste, zeigte er ihm gegenüber keine Aggression.**
Though Buck hated Spitz deeply, he showed him no aggression.

**Buck hat Spitz nie provoziert und sein Verhalten zurückhaltend gehalten.**

Buck never provoked Spitz, and kept his actions restrained.

**Spitz hingegen spürte die wachsende Gefahr, die von Buck ausging.**

Spitz, on the other hand, sensed the growing danger in Buck.

**Er sah in Buck eine Bedrohung und eine ernsthafte Herausforderung seiner Macht.**

He saw Buck as a threat and a serious challenge to his power.

**Er nutzte jede Gelegenheit, um zu knurren und seine scharfen Zähne zu zeigen.**

He used every chance to snarl and show his sharp teeth.

**Er versuchte, den tödlichen Kampf zu beginnen, der bevorstand.**

He was trying to start the deadly fight that had to come.

**Schon zu Beginn der Reise wäre es beinahe zu einem Streit zwischen ihnen gekommen.**

Early in the trip, a fight nearly broke out between them.

**Doch ein unerwarteter Unfall verhinderte den Kampf.**

But an unexpected accident stopped the fight from happening.

**An diesem Abend schlugen sie ihr Lager am bitterkalten Lake Le Barge auf.**

That evening they set up camp on the bitterly cold Lake Le Barge.

**Es schneite heftig und der Wind war schneidend wie ein Messer.**

The snow was falling hard, and the wind cut like a knife.

**Die Nacht war zu schnell hereingebrochen und Dunkelheit umgab sie.**

The night had come too fast, and darkness surrounded them.

**Sie hätten sich kaum einen schlechteren Ort zum Ausruhen aussuchen können.**

They could hardly have chosen a worse place for rest.

**Die Hunde suchten verzweifelt nach einem Platz zum Hinlegen.**

The dogs searched desperately for a place to lie down.

**Hinter der kleinen Gruppe erhob sich steil eine hohe Felswand.**

A tall rock wall rose steeply behind the small group.

**Das Zelt wurde in Dyea zurückgelassen, um die Last zu erleichtern.**

The tent had been left behind in Dyea to lighten the load.

**Ihnen blieb nichts anderes übrig, als das Feuer auf dem Eis selbst zu machen.**

They had no choice but to make the fire on the ice itself.

**Sie breiten ihre Schlafmäntel direkt auf dem zugefrorenen See aus.**

They spread their sleeping robes directly on the frozen lake.

**Ein paar Stücke Treibholz gaben ihnen ein wenig Feuer.**

A few sticks of driftwood gave them a little bit of fire.

**Doch das Feuer wurde auf dem Eis entfacht und taute hindurch.**

But the fire was built on the ice, and thawed through it.

**Schließlich aßen sie ihr Abendessen im Dunkeln.**

Eventually they were eating their supper in darkness.

**Buck rollte sich neben dem Felsen zusammen, geschützt vor dem kalten Wind.**

Buck curled up beside the rock, sheltered from the cold wind.

**Der Platz war so warm und sicher, dass Buck es hasste, wegzugehen.**

The spot was so warm and safe that Buck hated to move away.

**Aber François hatte den Fisch aufgewärmt und verteilte die Rationen.**

But François had warmed the fish and was handing out rations.

**Buck aß schnell fertig und ging zurück in sein Bett.**

Buck finished eating quickly, and returned to his bed.

**Aber Spitz lag jetzt dort, wo Buck sein Bett gemacht hatte.**

But Spitz was now laying where Buck had made his bed.

**Ein leises Knurren warnte Buck, dass Spitz sich weigerte, sich zu bewegen.**

A low snarl warned Buck that Spitz refused to move.

**Bisher hatte Buck diesen Kampf mit Spitz vermieden.**

Until now, Buck had avoided this fight with Spitz.

**Doch tief in Bucks Innerem brach das Biest schließlich aus.**

But deep inside Buck the beast finally broke loose.

**Der Diebstahl seines Schlafplatzes war zu viel für ihn.**

The theft of his sleeping place was too much to tolerate.

**Buck stürzte sich voller Wut und Zorn auf Spitz.**

Buck launched himself at Spitz, full of anger and rage.

**Bis jetzt hatte Spitz gedacht, Buck sei bloß ein großer Hund.**

Up until not Spitz had thought Buck was just a big dog.

**Er glaubte nicht, dass Buck durch seinen Geist überlebt hatte.**

He didn't think Buck had survived through his spirit.

**Er erwartete Angst und Feigheit, nicht Wut und Rache.**

He was expecting fear and cowardice, not fury and revenge.

**François starrte die beiden Hunde an, als sie aus dem zerstörten Nest stürmten.**

François stared as both dogs burst from the ruined nest.

**Er verstand sofort, was den wilden Kampf ausgelöst hatte.**

He understood at once what had started the wild struggle.

**„Aa-ah!", rief François, um dem braunen Hund zuzujubeln.**

"A-a-ah!" François cried out in support of the brown dog.

**„Verprügelt ihn! Bei Gott, bestraft diesen hinterhältigen Dieb!"**

"Give him a beating! By God, punish that sneaky thief!"

**Spitz zeigte gleichermaßen Bereitschaft und wilden Kampfeswillen.**

Spitz showed equal readiness and wild eagerness to fight.

**Er schrie wütend auf, während er schnell im Kreis kreiste und nach einer Öffnung suchte.**

He cried out in rage while circling fast, seeking an opening.

**Buck zeigte den gleichen Kampfeshunger und die gleiche Vorsicht.**

Buck showed the same hunger to fight, and the same caution.

**Auch er umkreiste seinen Gegner und versuchte, im Kampf die Oberhand zu gewinnen.**

He circled his opponent as well, trying to gain the upper hand in battle.

**Dann geschah etwas Unerwartetes und veränderte alles.**

Then something unexpected happened and changed everything.

**Dieser Moment verzögerte den letztendlichen Kampf um die Führung.**

That moment delayed the eventual fight for the leadership.

**Bis zum Ende warteten noch viele Meilen voller Mühe und Anstrengung.**

Many miles of trail and struggle still waited before the end.

**Perrault stieß einen Fluch aus, als eine Keule auf Knochen schlug.**

Perrault shouted an oath as a club smacked against bone.

**Es folgte ein scharfer Schmerzensschrei, dann brach überall Chaos aus.**

A sharp yelp of pain followed, then chaos exploded all around.

**Dunkle Gestalten bewegten sich im Lager; wilde Huskys, ausgehungert und wild.**

Dark shapes moved in camp; wild huskies, starved and fierce.

**Vier oder fünf Dutzend Huskys hatten das Lager von weitem erschnüffelt.**

Four or five dozen huskies had sniffed the camp from far away.

**Sie hatten sich leise hineingeschlichen, während die beiden Hunde in der Nähe kämpften.**

They had crept in quietly while the two dogs fought nearby.

**François und Perrault griffen an und schwangen Knüppel auf die Eindringlinge.**

François and Perrault charged, swinging clubs at the invaders.

**Die ausgehungerten Huskies zeigten ihre Zähne und wehrten sich rasend.**

The starving huskies showed teeth and fought back in frenzy.

**Der Geruch von Fleisch und Brot hatte sie alle Angst vertreiben lassen.**

The smell of meat and bread had driven them past all fear.

**Perrault schlug einen Hund, der seinen Kopf in der Fresskiste vergraben hatte.**

Perrault beat a dog that had buried its head in the grub-box.

**Der Schlag war hart, die Schachtel kippte um und das Essen quoll heraus.**

The blow hit hard, and the box flipped, food spilling out.

**Innerhalb von Sekunden rissen sich zwanzig wilde Tiere über das Brot und das Fleisch her.**

In seconds, a score of wild beasts tore into the bread and meat.

**Die Keulen der Männer landeten Schlag auf Schlag, doch kein Hund ließ nach.**

The men's clubs landed blow after blow, but no dog turned away.

**Sie schrien vor Schmerz, kämpften aber, bis kein Futter mehr übrig war.**

They howled in pain, but fought until no food remained.

**Inzwischen waren die Schlittenhunde aus ihren verschneiten Betten gesprungen.**

Meanwhile, the sled-dogs had jumped from their snowy beds.

**Sie wurden sofort von den bösartigen, hungrigen Huskys angegriffen.**

They were instantly attacked by the vicious hungry huskies.

**Buck hatte noch nie zuvor so wilde und ausgehungerte Tiere gesehen.**

Buck had never seen such wild and starved creatures before.

**Ihre Haut hing lose und verbarg kaum ihr Skelett.**

Their skin hung loose, barely hiding their skeletons.

**In ihren Augen brannte ein Feuer aus Hunger und Wahnsinn**

There was a fire in their eyes, from hunger and madness

**Sie waren nicht aufzuhalten, ihrem wilden Ansturm war kein Widerstand zu leisten.**

There was no stopping them; no resisting their savage rush.

**Die Schlittenhunde wurden zurückgedrängt und gegen die Felswand gedrückt.**

The sled-dogs were shoved back, pressed against the cliff wall.

**Drei Huskies griffen Buck gleichzeitig an und rissen ihm das Fleisch auf.**

Three huskies attacked Buck at once, tearing into his flesh.

**Aus den Schnittwunden an seinem Kopf und seinen Schultern strömte Blut.**

Blood poured from his head and shoulders, where he'd been cut.

**Der Lärm erfüllte das Lager: Knurren, Jaulen und Schmerzensschreie.**

The noise filled the camp; growling, yelps, and cries of pain.

**Billee weinte wie immer laut, gefangen im Kampf und in der Panik.**

Billee cried loudly, as usual, caught in the fray and panic.

**Dave und Solleks standen Seite an Seite, blutend, aber trotzig.**

Dave and Solleks stood side by side, bleeding but defiant.

**Joe kämpfte wie ein Dämon und biss alles, was ihm zu nahe kam.**

Joe fought like a demon, biting anything that came close.

**Mit einem brutalen Schnappen seines Kiefers zerquetschte er das Bein eines Huskys.**

He crushed a husky's leg with one brutal snap of his jaws.

**Pike sprang auf den verletzten Husky und brach ihm sofort das Genick.**

Pike jumped on the wounded husky and broke its neck instantly.

**Buck packte einen Husky an der Kehle und riss ihm die Ader auf.**

Buck caught a husky by the throat and ripped through the vein.

**Blut spritzte und der warme Geschmack trieb Buck in Raserei.**

Blood sprayed, and the warm taste drove Buck into a frenzy.

**Ohne zu zögern stürzte er sich auf einen anderen Angreifer.**

He hurled himself at another attacker without hesitation.

**Im selben Moment gruben sich scharfe Zähne in Bucks Kehle.**

At the same moment, sharp teeth dug into Buck's own throat.

**Spitz hatte von der Seite zugeschlagen und ohne Vorwarnung angegriffen.**

Spitz had struck from the side, attacking without warning.

**Perrault und François hatten die Hunde besiegt, die das Futter stahlen.**

Perrault and François had defeated the dogs stealing the food.

**Nun eilten sie ihren Hunden zu Hilfe, um die Angreifer abzuwehren.**

Now they rushed to help their dogs fight back the attackers.

**Die ausgehungerten Hunde zogen sich zurück, als die Männer ihre Keulen schwangen.**

The starving dogs retreated as the men swung their clubs.

**Buck konnte sich dem Angriff befreien, doch die Flucht war nur von kurzer Dauer.**

Buck broke free from the attack, but the escape was brief.

**Die Männer rannten los, um ihre Hunde zu retten, und die Huskies kamen erneut zum Vorschein.**

The men ran to save their dogs, and the huskies swarmed again.

**Billee, der aus Angst Mut fasste, sprang in die Hundemeute.**

Billee, frightened into bravery, leapt into the pack of dogs.

**Doch dann floh er in blanker Angst und Panik über das Eis.**

But then he fled across the ice, in raw terror and panic.

**Pike und Dub folgten dicht dahinter und rannten um ihr Leben.**

Pike and Dub followed close behind, running for their lives.

**Der Rest des Teams löste sich auf, zerstreute sich und folgte ihnen.**

The rest of the team broke and scattered, following after them.

**Buck nahm all seine Kräfte zusammen, um loszurennen, doch dann sah er einen Blitz.**

Buck gathered his strength to run, but then saw a flash.

**Spitz stürzte sich auf Buck und versuchte, ihn zu Boden zu schlagen.**

Spitz lunged at Buck's side, trying to knock him to the ground.

**Unter dieser Meute von Huskys hätte Buck nicht entkommen können.**

Under that mob of huskies, Buck would have had no escape.

**Aber Buck blieb standhaft und wappnete sich für den Schlag von Spitz.**

But Buck stood firm and braced for the blow from Spitz.

**Dann drehte er sich um und rannte mit dem fliehenden Team auf das Eis hinaus.**

Then he turned and ran out onto the ice with the fleeing team.

**Später versammelten sich die neun Schlittenhunde im Schutz des Waldes.**

Later, the nine sled-dogs gathered in the shelter of the woods.

**Niemand verfolgte sie mehr, aber sie waren geschlagen und verwundet.**

No one chased them anymore, but they were battered and wounded.

**Jeder Hund hatte Wunden; vier oder fünf tiefe Schnitte an jedem Körper.**

Each dog had wounds; four or five deep cuts on every body.

**Dub hatte ein verletztes Hinterbein und konnte kaum noch laufen.**

Dub had an injured hind leg and struggled to walk now.

**Dolly, der neueste Hund aus Dyea, hatte eine aufgeschlitzte Kehle.**

Dolly, the newest dog from Dyea, had a slashed throat.

**Joe hatte ein Auge verloren und Billees Ohr war in Stücke geschnitten**

Joe had lost an eye, and Billee's ear was cut to pieces

**Alle Hunde schrien die ganze Nacht vor Schmerz und Niederlage.**

All the dogs cried in pain and defeat through the night.

**Im Morgengrauen krochen sie wund und gebrochen zurück ins Lager.**

At dawn they crept back to camp, sore and broken.

**Die Huskies waren verschwunden, aber der Schaden war angerichtet.**

The huskies had vanished, but the damage had been done.

**Perrault und François standen schlecht gelaunt vor der Ruine.**

Perrault and François stood in foul moods over the ruin.

**Die Hälfte der Lebensmittel war verschwunden und von den hungrigen Dieben geschnappt worden.**

Half of the food was gone, snatched by the hungry thieves.

**Die Huskies hatten Schlittenbindungen und Planen zerrissen.**

The huskies had torn through sled bindings and canvas.

**Alles, was nach Essen roch, wurde vollständig verschlungen.**

Anything with a smell of food had been devoured completely.

**Sie aßen ein Paar von Perraults Reisestiefeln aus Elchleder.**

They ate a pair of Perrault's moose-hide traveling boots.

**Sie zerkauten Lederreis und ruinierten Riemen, sodass sie nicht mehr verwendet werden konnten.**

They chewed leather reis and ruined straps beyond use.

**François hörte auf, auf die zerrissene Peitsche zu starren, um nach den Hunden zu sehen.**

François stopped staring at the torn lash to check the dogs.

**„Ah, meine Freunde", sagte er mit leiser, besorgter Stimme.**

"Ah, my friends," he said, his voice low and filled with worry.

**„Vielleicht verwandeln euch all diese Bisse in tollwütige Tiere."**

"Maybe all these bites will turn you into mad beasts."

**„Vielleicht alles tollwütige Hunde, heiliger Scheiß! Was meinst du, Perrault?"**

"Maybe all mad dogs, sacredam! What do you think, Perrault?"

**Perrault schüttelte den Kopf, seine Augen waren dunkel vor Sorge und Angst.**

Perrault shook his head, eyes dark with concern and fear.

**Zwischen ihnen und Dawson lagen noch sechshundertvierzig Kilometer.**

Four hundred miles still lay between them and Dawson.

**Der Hundewahnsinn könnte nun jede Überlebenschance zerstören.**

Dog madness now could destroy any chance of survival.

**Sie verbrachten zwei Stunden damit, zu fluchen und zu versuchen, die Ausrüstung zu reparieren.**

They spent two hours swearing and trying to fix the gear.

**Das verwundete Team verließ schließlich gebrochen und besiegt das Lager.**

The wounded team finally left the camp, broken and defeated.

**Dies war der bisher schwierigste Weg und jeder Schritt war schmerzhaft.**

This was the hardest trail yet, and each step was painful.

**Der Thirty Mile River war nicht zugefroren und rauschte wild.**

The Thirty Mile River had not frozen, and was rushing wildly.

**Nur an ruhigen Stellen und in wirbelnden Wirbeln konnte das Eis halten.**

Only in calm spots and swirling eddies did ice manage to hold.

**Sechs Tage harter Arbeit vergingen, bis die dreißig Meilen geschafft waren.**

Six days of hard labor passed until the thirty miles were done.

**Jeder Kilometer des Weges barg Gefahren und Todesgefahr.**

Each mile of the trail brought danger and the threat of death.

**Die Männer und Hunde riskierten mit jedem schmerzhaften Schritt ihr Leben.**

The men and dogs risked their lives with every painful step.

**Perrault durchbrach ein Dutzend Mal dünne Eisbrücken.**

Perrault broke through thin ice bridges a dozen different times.

**Er trug eine Stange und ließ sie über das Loch fallen, das sein Körper hinterlassen hatte.**

He carried a pole and let it fall across the hole his body made.

**Mehr als einmal rettete diese Stange Perrault vor dem Ertrinken.**

More than once did that pole save Perrault from drowning.

**Die Kältewelle hielt an, die Lufttemperatur lag bei minus fünfzig Grad.**

The cold snap held firm, the air was fifty degrees below zero.

**Jedes Mal, wenn er hineinfiel, musste Perrault ein Feuer anzünden, um zu überleben.**

Every time he fell in, Perrault had to light a fire to survive.

**Nasse Kleidung gefror schnell, also trocknete er sie in der Nähe der sengenden Hitze.**

Wet clothing froze fast, so he dried them near blazing heat.

**Perrault hatte nie Angst und das machte ihn zu einem Kurier.**

No fear ever touched Perrault, and that made him a courier.

**Er wurde für die Gefahr auserwählt und begegnete ihr mit stiller Entschlossenheit.**

He was chosen for danger, and he met it with quiet resolve.

**Er drängte sich gegen den Wind vorwärts, sein runzliges Gesicht war erfroren.**

He pressed forward into wind, his shriveled face frostbitten.

**Von der Morgendämmerung bis zum Einbruch der Nacht führte Perrault sie weiter.**

From faint dawn to nightfall, Perrault led them onward.

**Er ging auf einer schmalen Eiskante, die bei jedem Schritt knackte.**

He walked on narrow rim ice that cracked with every step.

**Sie wagten nicht, anzuhalten – jede Pause hätte das Risiko eines tödlichen Zusammenbruchs bedeutet.**

They dared not stop—each pause risked a deadly collapse.

**Einmal brach der Schlitten durch und zog Dave und Buck hinein.**

One time the sled broke through, pulling Dave and Buck in.

**Als sie freigezogen wurden, waren beide fast erfroren.**

By the time they were dragged free, both were near frozen.

**Die Männer machten schnell ein Feuer, um Buck und Dave am Leben zu halten.**

The men built a fire quickly to keep Buck and Dave alive.

**Die Hunde waren von der Nase bis zum Schwanz mit Eis bedeckt und steif wie geschnitztes Holz.**

The dogs were coated in ice from nose to tail, stiff as carved wood.

**Die Männer ließen sie in der Nähe des Feuers im Kreis laufen, um ihre Körper aufzutauen.**

The men ran them in circles near the fire to thaw their bodies.

**Sie kamen den Flammen so nahe, dass ihr Fell versengt wurde.**

They came so close to the flames that their fur was singed.

**Als nächster durchbrach Spitz das Eis und zog das Team hinter sich her.**

Spitz broke through the ice next, dragging in the team behind him.

**Der Bruch reichte bis zu der Stelle, an der Buck zog.**

The break reached all the way up to where Buck was pulling.

**Buck lehnte sich weit zurück, seine Pfoten rutschten und zitterten auf der Kante.**

Buck leaned back hard, paws slipping and trembling on the edge.

**Dave streckte sich ebenfalls nach hinten, direkt hinter Buck auf der Leine.**

Dave also strained backward, just behind Buck on the line.

**François zog den Schlitten, seine Muskeln knackten vor Anstrengung.**

François hauled on the sled, his muscles cracking with effort.

**Ein anderes Mal brach das Randeis vor und hinter dem Schlitten.**

Another time, rim ice cracked before and behind the sled.

**Sie hatten keinen anderen Ausweg, als eine gefrorene Felswand zu erklimmen.**

They had no way out except to climb a frozen cliff wall.

**Perrault schaffte es irgendwie, die Mauer zu erklimmen; wie durch ein Wunder blieb er am Leben.**

Perrault somehow climbed the wall; a miracle kept him alive.

**François blieb unten und betete um dasselbe Glück.**

François stayed below, praying for the same kind of luck.

**Sie banden jeden Riemen, jede Zurrschnur und jede Leine zu einem langen Seil zusammen.**

They tied every strap, lashing, and trace into one long rope.

**Die Männer zogen jeden Hund einzeln nach oben.**

The men hauled each dog up, one at a time to the top.

**François kletterte als Letzter, nach dem Schlitten und der gesamten Ladung.**

François climbed last, after the sled and the entire load.

**Dann begann eine lange Suche nach einem Weg von den Klippen hinunter.**

Then began a long search for a path down from the cliffs.

**Schließlich stiegen sie mit demselben Seil ab, das sie selbst hergestellt hatten.**

They finally descended using the same rope they had made.

**Es wurde Nacht, als sie erschöpft und wund zum Flussbett zurückkehrten.**

Night fell as they returned to the riverbed, exhausted and sore.

**Der ganze Tag hatte ihnen nur eine Viertelmeile Gewinn eingebracht.**

The full day had earned them only a quarter mile of gain.

**Als sie das Hootalinqua erreichten, war Buck erschöpft.**

By the time they reached the Hootalinqua, Buck was worn out.

**Die anderen Hunde litten ebenso sehr unter den Bedingungen auf dem Trail.**

The other dogs suffered just as badly from the trail conditions.

**Aber Perrault musste Zeit gutmachen und trieb sie jeden Tag weiter an.**

But Perrault needed to recover time, and pushed them on each day.

**Am ersten Tag reisten sie dreißig Meilen nach Big Salmon.**

The first day they traveled thirty miles to Big Salmon.

**Am nächsten Tag reisten sie fünfunddreißig Meilen nach Little Salmon.**

The next day they travelled thirty-five miles to Little Salmon.

**Am dritten Tag kämpften sie sich durch sechzig Kilometer lange, eisige Strecken.**

On the third day they pushed through forty long frozen miles.

**Zu diesem Zeitpunkt näherten sie sich der Siedlung Five Fingers.**

By then, they were nearing the settlement of Five Fingers.


**Bucks Füße waren weicher als die harten Füße der einheimischen Huskys.**

Buck's feet were softer than the hard feet of native huskies.

**Seine Pfoten waren im Laufe vieler zivilisierter Generationen zart geworden.**

His paws had grown tender over many civilized generations.

**Vor langer Zeit wurden seine Vorfahren von Flussmännern oder Jägern gezähmt.**

Long ago, his ancestors had been tamed by river men or hunters.

**Jeden Tag humpelte Buck unter Schmerzen und ging auf wunden, schmerzenden Pfoten.**

Every day Buck limped in pain, walking on raw, aching paws.

**Im Lager fiel Buck wie eine leblose Gestalt in den Schnee.**

At camp, Buck dropped like a lifeless form upon the snow.

**Obwohl Buck am Verhungern war, stand er nicht auf, um sein Abendessen einzunehmen.**

Though starving, Buck did not rise to eat his evening meal.

**François brachte Buck seine Ration und legte ihm Fisch neben die Schnauze.**

François brought Buck his ration, laying fish by his muzzle.

**Jeden Abend massierte der Fahrer Bucks Füße eine halbe Stunde lang.**

Each night the driver rubbed Buck's feet for half an hour.

**François hat sogar seine eigenen Mokassins zerschnitten, um daraus Hundeschuhe zu machen.**

François even cut up his own moccasins to make dog footwear.

**Vier warme Schuhe waren für Buck eine große und willkommene Erleichterung.**

Four warm shoes gave Buck a great and welcome relief.

**Eines Morgens vergaß François die Schuhe und Buck weigerte sich aufzustehen.**

One morning, François forgot the shoes, and Buck refused to rise.

**Buck lag auf dem Rücken, die Füße in der Luft, und wedelte mitleiderregend damit herum.**

Buck lay on his back, feet in the air, waving them pitifully.

Sogar Perrault grinste beim Anblick von Bucks dramatischer Bitte.

Even Perrault grinned at the sight of Buck's dramatic plea.

Bald wurden Bucks Füße hart und die Schuhe konnten weggeworfen werden.

Soon Buck's feet grew hard, and the shoes could be discarded.

In Pelly stieß Dolly beim Angeschirrtwerden ein schreckliches Heulen aus.

At Pelly, during harness time, Dolly let out a dreadful howl.

Der Schrei war lang und voller Wahnsinn und erschütterte jeden Hund.

The cry was long and filled with madness, shaking every dog.

Jeder Hund zuckte vor Angst zusammen, ohne den Grund zu kennen.

Each dog bristled in fear without knowing the reason.

Dolly war verrückt geworden und stürzte sich direkt auf Buck.

Dolly had gone mad and hurled herself straight at Buck.

Buck hatte noch nie Wahnsinn gesehen, aber sein Herz war von Entsetzen erfüllt.

Buck had never seen madness, but horror filled his heart.

Ohne nachzudenken, drehte er sich um und floh in absoluter Panik.

With no thought, he turned and fled in absolute panic.

Dolly jagte ihm hinterher, ihre Augen waren wild, Speichel spritzte aus ihrem Maul.

Dolly chased him, her eyes wild, saliva flying from her jaws.

Sie blieb direkt hinter Buck, holte nie auf und fiel nie zurück.

She kept right behind Buck, never gaining and never falling back.

Buck rannte durch den Wald, die Insel hinunter und über zerklüftetes Eis.

Buck ran through woods, down the island, across jagged ice.

Er überquerte die Insel und erreichte eine weitere, bevor er im Kreis zurück zum Fluss ging.

He crossed to an island, then another, circling back to the river.

**Dolly jagte ihn immer noch und knurrte ihn bei jedem Schritt an.**

Still Dolly chased him, her growl close behind at every step.

**Buck konnte ihren Atem und ihre Wut hören, obwohl er es nicht wagte, zurückzublicken.**

Buck could hear her breath and rage, though he dared not look back.

**François rief aus der Ferne und Buck drehte sich in die Richtung der Stimme um.**

François shouted from afar, and Buck turned toward the voice.

**Immer noch nach Luft schnappend rannte Buck vorbei und setzte seine ganze Hoffnung auf François.**

Still gasping for air, Buck ran past, placing all hope in François.

**Der Hundeführer hob eine Axt und wartete, während Buck vorbeiflog.**

The dog-driver raised an axe and waited as Buck flew past.

**Die Axt kam schnell herunter und traf Dollys Kopf mit tödlicher Wucht.**

The axe came down fast and struck Dolly's head with deadly force.

**Buck brach neben dem Schlitten zusammen, keuchte und konnte sich nicht bewegen.**

Buck collapsed near the sled, wheezing and unable to move.

**In diesem Moment hatte Spitz die Chance, einen erschöpften Gegner zu schlagen.**

That moment gave Spitz his chance to strike an exhausted foe.

**Zweimal biss er Buck und riss das Fleisch bis auf den weißen Knochen auf.**

Twice he bit Buck, ripping flesh down to the white bone.

**François' Peitsche knallte und traf Spitz mit voller, wütender Wucht.**

François's whip cracked, striking Spitz with full, furious force.

**Buck sah mit Freude zu, wie Spitz seine bisher härteste Tracht Prügel bekam.**

Buck watched with joy as Spitz received his harshest beating yet.

**„Er ist ein Teufel, dieser Spitz", murmelte Perrault düster vor sich hin.**

"He's a devil, that Spitz," Perrault muttered darkly to himself.

**„Eines Tages wird dieser verfluchte Hund Buck töten – das schwöre ich."**

"Someday soon, that cursed dog will kill Buck—I swear it."

**„Dieser Buck hat zwei Teufel in sich", antwortete François mit einem Nicken.**

"That Buck has two devils in him," François replied with a nod.

**„Wenn ich Buck beobachte, weiß ich, dass etwas Wildes in ihm lauert."**

"When I watch Buck, I know something fierce waits in him."

**„Eines Tages wird er rasend vor Wut werden und Spitz in Stücke reißen."**

"One day, he'll get mad as fire and tear Spitz to pieces."

**„Er wird den Hund zerkauen und ihn auf den gefrorenen Schnee spucken."**

"He'll chew that dog up and spit him on the frozen snow."

**„Das weiß ich ganz sicher tief in meinem Innern."**

"Sure as anything, I know this deep in my bones."

**Von diesem Moment an befanden sich die beiden Hunde im Krieg.**

From that moment forward, the two dogs were locked in war.

**Spitz führte das Team an und hatte die Macht, aber Buck stellte das in Frage.**

Spitz led the team and held power, but Buck challenged that.

**Spitz sah seinen Rang durch diesen seltsamen Fremden aus dem Süden bedroht.**

Spitz saw his rank threatened by this odd Southland stranger.

**Buck war anders als alle Südstaatenhunde, die Spitz zuvor gekannt hatte.**

Buck was unlike any southern dog Spitz had known before.

**Die meisten von ihnen scheiterten – sie waren zu schwach, um Kälte und Hunger zu überleben.**

Most of them failed—too weak to live through cold and hunger.

**Sie starben schnell unter der harten Arbeit, dem Frost und der langsamen Hungersnot.**

They died fast under labor, frost, and the slow burn of famine.

**Buck stand abseits – mit jedem Tag stärker, klüger und wilder.**

Buck stood apart—stronger, smarter, and more savage each day.

**Er gedieh trotz aller Härte und wuchs heran, bis er den nördlichen Huskies ebenbürtig war.**

He thrived on hardship, growing to match the northern huskies.

**Buck hatte Kraft, wilde Geschicklichkeit und einen geduldigen, tödlichen Instinkt.**

Buck had strength, wild skill, and a patient, deadly instinct.

**Der Mann mit der Keule hatte Buck die Unbesonnenheit ausgetrieben.**

The man with the club had beaten rashness out of Buck.

**Die blinde Wut war verschwunden und durch stille Gerissenheit und Kontrolle ersetzt worden.**

Blind fury was gone, replaced by quiet cunning and control.

**Er wartete ruhig und ursprünglich und wartete auf den richtigen Moment.**

He waited, calm and primal, watching for the right moment.

**Ihr Kampf um die Vorherrschaft wurde unvermeidlich und deutlich.**

Their fight for command became unavoidable and clear.

**Buck strebte nach einer Führungsposition, weil sein Geist es verlangte.**

Buck desired leadership because his spirit demanded it.

**Er wurde von dem seltsamen Stolz getrieben, der aus der Jagd und dem Geschirr entstand.**

He was driven by the strange pride born of trail and harness.

**Dieser Stolz ließ die Hunde ziehen, bis sie im Schnee zusammenbrachen.**

That pride made dogs pull till they collapsed on the snow.

Der Stolz verleitete sie dazu, all ihre Kraft einzusetzen.

Pride lured them into giving all the strength they had.

Stolz kann einen Schlittenhund sogar in den Tod treiben.

Pride can lure a sled-dog even to the point of death.

Der Verlust des Geschirrs ließ die Hunde gebrochen und ziellos zurück.

Losing the harness left dogs broken and without purpose.

Das Herz eines Schlittenhundes kann vor Scham brechen, wenn er in den Ruhestand geht.

The heart of a sled-dog can be crushed by shame when they retire.

Dave lebte von diesem Stolz, während er den Schlitten hinter sich herzog.

Dave lived by that pride as he dragged the sled from behind.

Auch Solleks gab mit grimmiger Stärke und Loyalität alles.

Solleks, too, gave his all with grim strength and loyalty.

Jeden Morgen verwandelte der Stolz ihre Verbitterung in Entschlossenheit.

Each morning, pride turned them from bitter to determined.

Sie drängten den ganzen Tag und verstummten dann am Ende des Lagers.

They pushed all day, then dropped silent at the camp's end.

Dieser Stolz gab Spitz die Kraft, Drückeberger zur Räson zu bringen.

That pride gave Spitz the strength to beat shirkers into line.

Spitz fürchtete Buck, weil Buck denselben tiefen Stolz in sich trug.

Spitz feared Buck because Buck carried that same deep pride.

Bucks Stolz wandte sich nun gegen Spitz, und er ließ nicht locker.

Buck's pride now stirred against Spitz, and he did not stop.

Buck widersetzte sich Spitz' Macht und hinderte ihn daran, Hunde zu bestrafen.

Buck defied Spitz's power and blocked him from punishing dogs.

Als andere versagten, stellte sich Buck zwischen sie und ihren Anführer.

When others failed, Buck stepped between them and their leader.

**Er tat dies mit Absicht und brachte seine Herausforderung offen und deutlich zum Ausdruck.**

He did this with intent, making his challenge open and clear.

**In einer Nacht hüllte schwerer Schnee die Welt in tiefe Stille.**

On one night heavy snow blanketed the world in deep silence.

**Am nächsten Morgen stand Pike, faul wie immer, nicht zur Arbeit auf.**

The next morning, Pike, lazy as ever, did not rise for work.

**Er blieb in seinem Nest unter einer dicken Schneeschicht verborgen.**

He stayed hidden in his nest beneath a thick layer of snow.

**François rief und suchte, konnte den Hund jedoch nicht finden.**

François called out and searched, but could not find the dog.

**Spitz wurde wütend und stürmte durch das schneebedeckte Lager.**

Spitz grew furious and stormed through the snow-covered camp.

**Er knurrte und schnüffelte und grub wie verrückt mit flammenden Augen.**

He growled and sniffed, digging madly with blazing eyes.

**Seine Wut war so heftig, dass Pike vor Angst unter dem Schnee zitterte.**

His rage was so fierce that Pike shook under the snow in fear.

**Als Pike schließlich gefunden wurde, stürzte sich Spitz auf den versteckten Hund, um ihn zu bestrafen.**

When Pike was finally found, Spitz lunged to punish the hiding dog.

**Doch Buck sprang mit einer Wut zwischen sie, die Spitz' eigener ebenbürtig war.**

But Buck sprang between them with a fury equal to Spitz's own.

**Der Angriff erfolgte so plötzlich und geschickt, dass Spitz umfiel.**

The attack was so sudden and clever that Spitz fell off his feet.

**Pike, der gezittert hatte, schöpfte aus diesem Trotz neuen Mut.**

Pike, who had been shaking, took courage from this defiance.

**Er sprang auf den gefallenen Spitz und folgte Bucks mutigem Beispiel.**

He leapt on the fallen Spitz, following Buck's bold example.

**Buck, der nicht länger an Fairness gebunden war, beteiligte sich am Angriff auf Spitz.**

Buck, no longer bound by fairness, joined the strike on Spitz.

**François, amüsiert, aber dennoch diszipliniert, schwang seine schwere Peitsche.**

François, amused yet firm in discipline, swung his heavy lash.

**Er schlug Buck mit aller Kraft, um den Kampf zu beenden.**

He struck Buck with all his strength to break up the fight.

**Buck weigerte sich, sich zu bewegen und blieb auf dem gefallenen Anführer sitzen.**

Buck refused to move and stayed atop the fallen leader.

**Dann benutzte François den Griff der Peitsche und schlug Buck damit heftig.**

François then used the whip's handle, hitting Buck hard.

**Buck taumelte unter dem Schlag und fiel zurück.**

Staggering from the blow, Buck fell back under the assault.

**François schlug immer wieder zu, während Spitz Pike bestrafte.**

François struck again and again while Spitz punished Pike.

**Die Tage vergingen und Dawson City kam immer näher.**

Days passed, and Dawson City grew nearer and nearer.

**Buck mischte sich immer wieder ein und schlüpfte zwischen Spitz und andere Hunde.**

Buck kept interfering, slipping between Spitz and other dogs.

**Er wählte seine Momente gut und wartete immer darauf, dass François ging.**

He chose his moments well, always waiting for François to leave.

**Bucks stille Rebellion breitete sich aus und im Team breitete sich Unordnung aus.**

Buck's quiet rebellion spread, and disorder took root in the team.

**Dave und Solleks blieben loyal, andere jedoch wurden widerspenstig.**

Dave and Solleks stayed loyal, but others grew unruly.

**Die Situation im Team wurde immer schlimmer – es wurde unruhig, streitsüchtig und geriet aus der Reihe.**

The team grew worse—restless, quarrelsome, and out of line.

**Nichts lief mehr reibungslos und es kam immer wieder zu Streit.**

Nothing worked smoothly anymore, and fights became common.

**Buck blieb im Zentrum des Chaos und provozierte ständig Unruhe.**

Buck stayed at the heart of the trouble, always provoking unrest.

**François blieb wachsam, aus Angst vor dem Kampf zwischen Buck und Spitz.**

François stayed alert, afraid of the fight between Buck and Spitz.

**Jede Nacht wurde er durch Rangeleien geweckt, aus Angst, dass es endlich losgehen würde.**

Each night, scuffles woke him, fearing the beginning finally arrived.

**Er sprang aus seiner Robe, bereit, den Kampf zu beenden.**

He leapt from his robe, ready to break up the fight.

**Aber der Moment kam nie und sie erreichten schließlich Dawson.**

But the moment never came, and they reached Dawson at last.

**Das Team betrat die Stadt an einem trüben Nachmittag, angespannt und still.**

The team entered the town one bleak afternoon, tense and quiet.

**Der große Kampf um die Führung hing noch immer in der eisigen Luft.**

The great battle for leadership still hung in the frozen air.

**Dawson war voller Männer und Schlittenhunde, die alle mit der Arbeit beschäftigt waren.**

Dawson was full of men and sled-dogs, all busy with work.

**Buck beobachtete die Hunde von morgens bis abends beim Lastenziehen.**

Buck watched the dogs pull loads from morning until night.

**Sie transportierten Baumstämme und Brennholz und lieferten Vorräte an die Minen.**

They hauled logs and firewood, freighted supplies to the mines.

**Wo früher im Süden Pferde arbeiteten, schufteten heute Hunde.**

Where horses once worked in the Southland, dogs now labored.

**Buck sah einige Hunde aus dem Süden, aber die meisten waren wolfsähnliche Huskys.**

Buck saw some dogs from the South, but most were wolf-like huskies.

**Nachts erhoben die Hunde pünktlich zum ersten Mal ihre Stimmen zum Singen.**

At night, like clockwork, the dogs raised their voices in song.

**Um neun, um Mitternacht und erneut um drei begann der Gesang.**

At nine, at midnight, and again at three, the singing began.

**Buck liebte es, in ihren unheimlichen Gesang einzustimmen, der wild und uralt klang.**

Buck loved joining their eerie chant, wild and ancient in sound.

**Das Polarlicht flammte, die Sterne tanzten und das Land war mit Schnee bedeckt.**

The aurora flamed, stars danced, and snow blanketed the land.

**Der Gesang der Hunde erhob sich als Aufschrei gegen die Stille und die bittere Kälte.**

The dogs' song rose as a cry against silence and bitter cold.

**Doch in jedem langen Ton ihres Heulens war Trauer und nicht Trotz zu hören.**

But their howl held sorrow, not defiance, in every long note.

**Jeder Klageschrei war voller Flehen; die Last des Lebens selbst.**

Each wailing cry was full of pleading; the burden of life itself.

**Dieses Lied war alt – älter als Städte und älter als Feuer**

That song was old—older than towns, and older than fires

**Dieses Lied war sogar älter als die Stimmen der Menschen.**

That song was more ancient even than the voices of men.

**Es war ein Lied aus der jungen Welt, als alle Lieder traurig waren.**

It was a song from the young world, when all songs were sad.

**Das Lied trug den Kummer unzähliger Hundegenerationen in sich.**

The song carried sorrow from countless generations of dogs.

**Buck spürte die Melodie tief und stöhnte vor jahrhundertealtem Schmerz.**

Buck felt the melody deeply, moaning from pain rooted in the ages.

**Er schluchzte aus einem Kummer, der so alt war wie das wilde Blut in seinen Adern.**

He sobbed from a grief as old as the wild blood in his veins.

**Die Kälte, die Dunkelheit und das Geheimnisvolle berührten Bucks Seele.**

The cold, the dark, and the mystery touched Buck's soul.

**Dieses Lied bewies, wie weit Buck zu seinen Ursprüngen zurückgekehrt war.**

That song proved how far Buck had returned to his origins.

**Durch Schnee und Heulen hatte er den Anfang seines eigenen Lebens gefunden.**

Through snow and howling he had found the start of his own life.


**Sieben Tage nach ihrer Ankunft in Dawson brachen sie erneut auf.**

Seven days after arriving in Dawson, they set off once again.

**Das Team verließ die Kaserne und fuhr hinunter zum Yukon Trail.**

The team dropped from the Barracks down to the Yukon Trail.

**Sie begannen die Rückreise nach Dyea und Salt Water.**

They began the journey back toward Dyea and Salt Water.

**Perrault überbrachte noch dringlichere Depeschen als zuvor.**

Perrault carried dispatches even more urgent than before.

**Auch ihn packte der Trail-Stolz, und er wollte einen Rekord aufstellen.**

He was also seized by trail pride and aimed to set a record.

**Diesmal hatte Perrault mehrere Vorteile.**

This time, several advantages were on Perrault's side.

**Die Hunde hatten eine ganze Woche lang geruht und ihre Kräfte wiedererlangt.**

The dogs had rested for a full week and regained their strength.

**Die Spur, die sie gebahnt hatten, wurde nun von anderen festgestampft.**

The trail they had broken was now hard-packed by others.

**An manchen Stellen hatte die Polizei Futter für Hunde und Menschen gelagert.**

In places, police had stored food for dogs and men alike.

**Perrault reiste mit leichtem Gepäck und bewegte sich schnell, ohne dass ihn etwas belastete.**

Perrault traveled light, moving fast with little to weigh him down.

**Sie erreichten Sixty-Mile, eine Strecke von achtzig Kilometern, noch in der ersten Nacht.**

They reached Sixty-Mile, a fifty-mile run, by the first night.

**Am zweiten Tag eilten sie den Yukon hinauf nach Pelly.**

On the second day, they rushed up the Yukon toward Pelly.

**Doch dieser tolle Fortschritt war für François mit vielen Strapazen verbunden.**

But such fine progress came with much strain for François.

**Bucks stille Rebellion hatte die Disziplin des Teams zerstört.**

Buck's quiet rebellion had shattered the team's discipline.

Sie zogen nicht mehr wie ein Tier an den Zügeln.

They no longer pulled together like one beast in the reins.

Buck hatte durch sein mutiges Beispiel andere zum Trotz verleitet.

Buck had led others into defiance through his bold example.

Spitz' Befehl stieß weder auf Furcht noch auf Respekt.

Spitz's command was no longer met with fear or respect.

Die anderen verloren ihre Ehrfurcht vor ihm und wagten es, sich seiner Herrschaft zu widersetzen.

The others lost their awe of him and dared to resist his rule.

Eines Nachts stahl Pike einen halben Fisch und aß ihn vor Bucks Augen.

One night, Pike stole half a fish and ate it under Buck's eye.

In einer anderen Nacht kämpften Dub und Joe gegen Spitz und blieben ungestraft.

Another night, Dub and Joe fought Spitz and went unpunished.

Sogar Billee jammerte weniger süß und zeigte eine neue Schärfe.

Even Billee whined less sweetly and showed new sharpness.

Buck knurrte Spitz jedes Mal an, wenn sich ihre Wege kreuzten.

Buck snarled at Spitz every time they crossed paths.

Bucks Haltung wurde dreist und bedrohlich, fast wie die eines Tyrannen.

Buck's attitude grew bold and threatening, nearly like a bully.

Mit stolzgeschwellter Brust und voller spöttischer Bedrohung schritt er vor Spitz auf und ab.

He paced before Spitz with a swagger, full of mocking menace.

Dieser Zusammenbruch der Ordnung breitete sich auch unter den Schlittenhunden aus.

That collapse of order also spread among the sled-dogs.

Sie stritten und stritten mehr denn je und erfüllten das Lager mit Lärm.

They fought and argued more than ever, filling camp with noise.

**Das Lagerleben verwandelte sich jede Nacht in ein wildes, heulendes Chaos.**

Camp life turned into a wild, howling chaos each night.

**Nur Dave und Solleks blieben ruhig und konzentriert.**

Only Dave and Solleks remained steady and focused.

**Doch selbst sie wurden durch die ständigen Schlägereien ungehalten.**

But even they became short-tempered from the constant brawls.

**François fluchte in fremden Sprachen und stampfte frustriert auf.**

François cursed in strange tongues and stomped in frustration.

**Er riss sich die Haare aus und schrie, während der Schnee unter seinen Füßen wirbelte.**

He tore at his hair and shouted while snow flew underfoot.

**Seine Peitsche knallte über das Rudel, konnte es aber kaum in Schach halten.**

His whip snapped across the pack but barely kept them in line.

**Immer wenn er sich umdrehte, brachen die Kämpfe erneut aus.**

Whenever his back was turned, the fighting broke out again.

**François setzte die Peitsche für Spitz ein, während Buck die Rebellen anführte.**

François used the lash for Spitz, while Buck led the rebels.

**Jeder kannte die Rolle des anderen, aber Buck vermied jegliche Schuldzuweisungen.**

Each knew the other's role, but Buck avoided any blame.

**François hat Buck nie dabei erwischt, wie er eine Schlägerei anfing oder sich vor seiner Arbeit drückte.**

François never caught Buck starting a fight or shirking his job.

**Buck arbeitete hart im Geschirr – die Mühe erfüllte ihn jetzt mit Begeisterung.**

Buck worked hard in harness—the toil now thrilled his spirit.

**Doch noch mehr Freude bereitete ihm das Anzetteln von Kämpfen und Chaos im Lager.**

But he found even more joy in stirring fights and chaos in camp.

**Eines Abends schreckte Dub an der Mündung des Tahkeena ein Kaninchen auf.**
At the Tahkeena's mouth one evening, Dub startled a rabbit.
**Er verpasste den Fang und das Schneeschuhkaninchen sprang davon.**
He missed the catch, and the snowshoe rabbit sprang away.
**Innerhalb von Sekunden nahm das gesamte Schlittenteam unter wildem Geschrei die Verfolgung auf.**
In seconds, the entire sled team gave chase with wild cries.
**In der Nähe beherbergte ein Lager der Northwest Police fünfzig Huskys.**
Nearby, a Northwest Police camp housed fifty husky dogs.
**Sie schlossen sich der Jagd an und stürmten gemeinsam den zugefrorenen Fluss hinunter.**
They joined the hunt, surging down the frozen river together.
**Das Kaninchen verließ den Fluss und floh in ein gefrorenes Bachbett.**
The rabbit turned off the river, fleeing up a frozen creek bed.
**Das Kaninchen hüpfte leichtfüßig über den Schnee, während die Hunde sich durchkämpften.**
The rabbit skipped lightly over snow while the dogs struggled through.
**Buck führte das riesige Rudel von sechzig Hunden um jede Kurve.**
Buck led the massive pack of sixty dogs around each twisting bend.
**Er drängte tief und eifrig vorwärts, konnte jedoch keinen Boden gutmachen.**
He pushed forward, low and eager, but could not gain ground.
**Bei jedem kraftvollen Sprung blitzte sein Körper im blassen Mondlicht auf.**
His body flashed under the pale moon with each powerful leap.

Vor uns bewegte sich das Kaninchen wie ein Geist, lautlos und zu schnell, um es einzufangen.

Ahead, the rabbit moved like a ghost, silent and too fast to catch.

All diese alten Instinkte – der Hunger, der Nervenkitzel – durchströmten Buck.

All those old instincts—the hunger, the thrill—rushed through Buck.

Manchmal verspüren Menschen diesen Instinkt und werden dazu getrieben, mit Gewehr und Kugel zu jagen.

Humans feel this instinct at times, driven to hunt with gun and bullet.

Aber Buck empfand dieses Gefühl auf einer tieferen und persönlicheren Ebene.

But Buck felt this feeling on a deeper and more personal level.

Sie konnten die Wildnis nicht in ihrem Blut spüren, so wie Buck sie spüren konnte.

They could not feel the wild in their blood the way Buck could feel it.

Er jagte lebendes Fleisch, bereit, mit seinen Zähnen zu töten und Blut zu schmecken.

He chased living meat, ready to kill with his teeth and taste blood.

Sein Körper spannte sich vor Freude, er wollte in warmem, rotem Leben baden.

His body strained with joy, wanting to bathe in warm red life.

Eine seltsame Freude markiert den höchsten Punkt, den das Leben jemals erreichen kann.

A strange joy marks the highest point life can ever reach.

Das Gefühl eines Gipfels, bei dem die Lebenden vergessen, dass sie überhaupt am Leben sind.

The feeling of a peak where the living forget they are even alive.

Diese tiefe Freude berührt den Künstler, der sich in glühender Inspiration verliert.

This deep joy touches the artist lost in blazing inspiration.

**Diese Freude ergreift den Soldaten, der wild kämpft und keinen Feind verschont.**

This joy seizes the soldier who fights wildly and spares no foe.

**Diese Freude erfasste nun Buck, der das Rudel mit seinem Urhunger anführte.**

This joy now claimed Buck as he led the pack in primal hunger.

**Er heulte mit dem uralten Wolfsschrei, aufgeregt durch die lebendige Jagd.**

He howled with the ancient wolf-cry, thrilled by the living chase.

**Buck hat den ältesten Teil seiner selbst angezapft, der in der Wildnis verloren war.**

Buck tapped into the oldest part of himself, lost in the wild.

**Er griff tief in sein Inneres, in die Vergangenheit, in die raue, uralte Zeit.**

He reached deep within, past memory, into raw, ancient time.

**Eine Welle puren Lebens durchströmte jeden Muskel und jede Sehne.**

A wave of pure life surged through every muscle and tendon.

**Jeder Sprung schrie, dass er lebte, dass er durch den Tod ging.**

Each leap shouted that he lived, that he moved through death.

**Sein Körper schwebte freudig über stilles, kaltes Land, das sich nie regte.**

His body soared joyfully over still, cold land that never stirred.

**Spitz blieb selbst in seinen wildesten Momenten kalt und listig.**

Spitz stayed cold and cunning, even in his wildest moments.

**Er verließ den Pfad und überquerte das Land, wo der Bach eine weite Biegung machte.**

He left the trail and crossed land where the creek curved wide.

**Buck, der davon nichts wusste, blieb auf dem gewundenen Pfad des Kaninchens.**

Buck, unaware of this, stayed on the rabbit's winding path.

**Dann, als Buck um eine Kurve bog, stand das geisterhafte Kaninchen vor ihm.**

Then, as Buck rounded a bend, the ghost-like rabbit was before him.

**Er sah, wie eine zweite Gestalt vor der Beute vom Ufer sprang.**

He saw a second figure leap from the bank ahead of the prey.

**Bei der Gestalt handelte es sich um Spitz, der direkt auf dem Weg des fliehenden Kaninchens landete.**

The figure was Spitz, landing right in the path of the fleeing rabbit.

**Das Kaninchen konnte sich nicht umdrehen und traf mitten in der Luft auf Spitz' Kiefer.**

The rabbit could not turn and met Spitz's jaws in mid-air.

**Das Rückgrat des Kaninchens brach mit einem Schrei, der so scharf war wie der Schrei eines sterbenden Menschen.**

The rabbit's spine broke with a shriek as sharp as a dying human's cry.

**Bei diesem Geräusch – dem Sturz vom Leben in den Tod – heulte das Rudel laut auf.**

At that sound—the fall from life to death—the pack howled loud.

**Hinter Buck erhob sich ein wilder Chor voller dunkler Freude.**

A savage chorus rose from behind Buck, full of dark delight.

**Buck gab keinen Schrei von sich, keinen Laut, und stürmte direkt auf Spitz zu.**

Buck gave no cry, no sound, and charged straight into Spitz.

**Er zielte auf die Kehle, traf aber stattdessen die Schulter.**

He aimed for the throat, but struck the shoulder instead.

**Sie stürzten durch den weichen Schnee, ihre Körper waren in einen Kampf verstrickt.**

They tumbled through soft snow; their bodies locked in combat.

**Spitz sprang schnell auf, als wäre er nie niedergeschlagen worden.**

Spitz sprang up quickly, as if never knocked down at all.

Er schlug auf Bucks Schulter und sprang dann aus dem Kampf.

He slashed Buck's shoulder, then leaped clear of the fight.

Zweimal schnappten seine Zähne wie Stahlfallen, seine Lippen waren grimmig gekräuselt.

Twice his teeth snapped like steel traps, lips curled and fierce.

Er wich langsam zurück und suchte festen Boden unter seinen Füßen.

He backed away slowly, seeking firm ground under his feet.

Buck verstand den Moment sofort und vollkommen.

Buck understood the moment instantly and fully.

Die Zeit war gekommen; der Kampf würde ein Kampf auf Leben und Tod werden.

The time had come; the fight was going to be a fight to the death.

Die beiden Hunde umkreisten knurrend den Raum, legten die Ohren an und kniffen die Augen zusammen.

The two dogs circled, growling, ears flat, eyes narrowed.

Jeder Hund wartete darauf, dass der andere Schwäche zeigte oder einen Fehltritt machte.

Each dog waited for the other to show weakness or misstep.

Buck hatte ein unheimliches Gefühl, die Szene zu kennen und tief in Erinnerung zu behalten.

To Buck, the scene felt eerily known and deeply remembered.

Die weißen Wälder, die kalte Erde, die Schlacht im Mondlicht.

The white woods, the cold earth, the battle under moonlight.

Eine schwere Stille erfüllte das Land, tief und unnatürlich.

A heavy silence filled the land, deep and unnatural.

Kein Wind regte sich, kein Blatt bewegte sich, kein Geräusch unterbrach die Stille.

No wind stirred, no leaf moved, no sound broke the stillness.

Der Atem der Hunde stieg wie Rauch in die eiskalte, stille Luft.

The dogs' breaths rose like smoke in the frozen, quiet air.

Das Kaninchen war von der Meute der wilden Tiere längst vergessen.

The rabbit was long forgotten by the pack of wild beasts.

**Diese halb gezähmten Wölfe standen nun still in einem weiten Kreis.**

These half-tamed wolves now stood still in a wide circle.

**Sie waren still, nur ihre leuchtenden Augen verrieten ihren Hunger.**

They were quiet, only their glowing eyes revealed their hunger.

**Ihr Atem stieg auf, als sie den Beginn des Endkampfes beobachteten.**

Their breath drifted upward, watching the final fight begin.

**Für Buck war dieser Kampf alt und erwartet, überhaupt nicht ungewöhnlich.**

To Buck, this battle was old and expected, not strange at all.

**Es fühlte sich an wie die Erinnerung an etwas, das schon immer passieren sollte.**

It felt like a memory of something always meant to happen.

**Spitz war ein ausgebildeter Kampfhund, gestählt durch zahllose wilde Schlägereien.**

Spitz was a trained fighting dog, honed by countless wild brawls.

**Von Spitzbergen bis Kanada hatte er viele Feinde besiegt.**

From Spitzbergen to Canada, he had mastered many foes.

**Er war voller Wut, ließ seiner Wut jedoch nie freien Lauf.**

He was filled with fury, but never gave control to rage.

**Seine Leidenschaft war scharf, aber immer durch einen harten Instinkt gemildert.**

His passion was sharp, but always tempered by hard instinct.

**Er griff nie an, bis seine eigene Verteidigung stand.**

He never attacked until his own defense was in place.

**Buck versuchte immer wieder, Spitz' verwundbaren Hals zu erreichen.**

Buck tried again and again to reach Spitz's vulnerable neck.

**Doch jeder Schlag wurde von Spitz' scharfen Zähnen mit einem Hieb beantwortet.**

But every strike was met by a slash from Spitz's sharp teeth.

Ihre Reißzähne prallten aufeinander und beide Hunde
bluteten aus den aufgerissenen Lippen.

Their fangs clashed, and both dogs bled from torn lips.

Egal, wie sehr Buck sich auch wehrte, er konnte die
Verteidigung nicht durchbrechen.

No matter how Buck lunged, he couldn't break the defense.

Er wurde immer wütender und stürmte mit wilden
Kraftausbrüchen hinein.

He grew more furious, rushing in with wild bursts of power.

Immer wieder schlug Buck nach der weißen Kehle von
Spitz.

Again and again, Buck struck for the white throat of Spitz.

Jedes Mal wich Spitz aus und schlug mit einem
schneidenden Biss zurück.

Each time Spitz evaded and struck back with a slicing bite.

Dann änderte Buck seine Taktik und stürzte sich erneut
darauf, als wolle er ihm die Kehle zu Leibe rücken.

Then Buck shifted tactics, rushing as if for the throat again.

Doch er zog sich mitten im Angriff zurück und drehte sich
um, um von der Seite zuzuschlagen.

But he pulled back mid-attack, turning to strike from the side.

Er warf Spitz seine Schulter entgegen, um ihn
niederzuschlagen.

He threw his shoulder into Spitz, aiming to knock him down.

Bei jedem Versuch wich Spitz aus und konterte mit einem
Hieb.

Each time he tried, Spitz dodged and countered with a slash.

Bucks Schulter wurde wund, als Spitz nach jedem Schlag
davonsprang.

Buck's shoulder grew raw as Spitz leapt clear after every hit.

Spitz war nicht berührt worden, während Buck aus vielen
Wunden blutete.

Spitz had not been touched, while Buck bled from many
wounds.

Bucks Atem ging schnell und schwer, sein Körper war
blutverschmiert.

Buck's breath came fast and heavy, his body slick with blood.

**Mit jedem Biss und Angriff wurde der Kampf brutaler.**

The fight turned more brutal with each bite and charge.

**Um sie herum warteten sechzig stille Hunde darauf, dass der erste fiel.**

Around them, sixty silent dogs waited for the first to fall.

**Wenn ein Hund zu Boden ging, würde das Rudel den Kampf beenden.**

If one dog dropped, the pack were going to finish the fight.

**Spitz sah, dass Buck schwächer wurde, und begann, den Angriff voranzutreiben.**

Spitz saw Buck weakening, and began to press the attack.

**Er brachte Buck aus dem Gleichgewicht und zwang ihn, um Halt zu kämpfen.**

He kept Buck off balance, forcing him to fight for footing.

**Einmal stolperte Buck und fiel, und alle Hunde standen auf.**

Once Buck stumbled and fell, and all the dogs rose up.

**Doch Buck richtete sich mitten im Fall auf und alle sanken wieder zu Boden.**

But Buck righted himself mid-fall, and everyone sank back down.

**Buck hatte etwas Seltenes – eine Vorstellungskraft, die aus tiefem Instinkt geboren war.**

Buck had something rare—imagination born from deep instinct.

**Er kämpfte mit natürlichem Antrieb, aber auch mit List.**

He fought by natural drive, but he also fought with cunning.

**Er griff erneut an, als würde er seinen Schulterangriffstrick wiederholen.**

He charged again as if repeating his shoulder attack trick.

**Doch in der letzten Sekunde ließ er sich fallen und flog unter Spitz hindurch.**

But at the last second, he dropped low and swept beneath Spitz.

**Seine Zähne schnappten um Spitz' linkes Vorderbein.**

His teeth locked on Spitz's front left leg with a snap.

**Spitz stand nun unsicher da, sein Gewicht ruhte nur noch auf drei Beinen.**

Spitz now stood unsteady, his weight on only three legs.

**Buck schlug erneut zu und versuchte dreimal, ihn zu Fall zu bringen.**

Buck struck again, tried three times to bring him down.

**Beim vierten Versuch nutzte er denselben Zug mit Erfolg**

On the fourth attempt he used the same move with success

**Diesmal gelang es Buck, Spitz in das rechte Bein zu beißen.**

This time Buck managed to bite the right leg of Spitz.

**Obwohl Spitz verkrüppelt war und große Schmerzen litt, kämpfte er weiter ums Überleben.**

Spitz, though crippled and in agony, kept struggling to survive.

**Er sah, wie der Kreis der Huskys enger wurde, die Zungen heraussteckten und deren Augen leuchteten.**

He saw the circle of huskies tighten, tongues out, eyes glowing.

**Sie warteten darauf, ihn zu verschlingen, so wie sie es mit anderen getan hatten.**

They waited to devour him, just as they had done to others.

**Dieses Mal stand er im Mittelpunkt: besiegt und verdammt.**

This time, he stood in the center; defeated and doomed.

**Für den weißen Hund gab es jetzt keine Möglichkeit mehr zu entkommen.**

There was no option to escape for the white dog now.

**Buck kannte keine Gnade, denn Gnade hatte in der Wildnis nichts zu suchen.**

Buck showed no mercy, for mercy did not belong in the wild.

**Buck bewegte sich vorsichtig und bereitete sich auf den letzten Angriff vor.**

Buck moved carefully, setting up for the final charge.

**Der Kreis der Huskys schloss sich, er spürte ihren warmen Atem.**

The circle of huskies closed in; he felt their warm breaths.

**Sie duckten sich und waren bereit, im richtigen Moment zu springen.**

They crouched low, prepared to spring when the moment came.

**Spitz zitterte im Schnee, knurrte und veränderte seine Haltung.**

Spitz quivered in the snow, snarling and shifting his stance.

**Seine Augen funkelten, seine Lippen waren gekräuselt und seine Zähne blitzten in verzweifelter Drohung.**

His eyes glared, lips curled, teeth flashing in desperate threat.

**Er taumelte und versuchte immer noch, dem kalten Biss des Todes standzuhalten.**

He staggered, still trying to hold off the cold bite of death.

**Er hatte das schon früher erlebt, aber immer von der Gewinnerseite.**

He had seen this before, but always from the winning side.

**Jetzt war er auf der Verliererseite, der Besiegte, die Beute, der Tod.**

Now he was on the losing side; the defeated; the prey; death.

**Buck umkreiste ihn für den letzten Schlag, der Hundekreis rückte näher.**

Buck circled for the final blow, the ring of dogs pressed closer.

**Er konnte ihren heißen Atem spüren; bereit zum Töten.**

He could feel their hot breaths; ready for the kill.

**Stille breitete sich aus; alles war an seinem Platz; die Zeit war stehen geblieben.**

A stillness fell; all was in its place; time had stopped.

**Sogar die kalte Luft zwischen ihnen gefror für einen letzten Moment.**

Even the cold air between them froze for one last moment.

**Nur Spitz bewegte sich und versuchte, sein bitteres Ende abzuwenden.**

Only Spitz moved, trying to hold off his bitter end.

**Der Kreis der Hunde schloss sich um ihn, und das war sein Schicksal.**

The circle of dogs was closing in around him, as was his destiny.

**Er war jetzt verzweifelt, da er wusste, was passieren würde.**

He was desperate now, knowing what was about to happen.

**Buck sprang hinein, Schulter an Schulter traf ein letztes Mal.**

Buck sprang in, shoulder met shoulder one last time.

**Die Hunde drängten vorwärts und deckten Spitz in der verschneiten Dunkelheit.**

The dogs surged forward, covering Spitz in the snowy dark.

**Buck sah zu, aufrecht stehend; der Sieger in einer wilden Welt.**

Buck watched, standing tall; the victor in a savage world.

**Das dominante Urtier hatte seine Beute gemacht, und es war gut.**

The dominant primordial beast had made its kill, and it was good.

## Wer die Meisterschaft erlangt hat
He, Who Has Won to Mastership

„Wie? Was habe ich gesagt? Ich sage die Wahrheit, wenn ich sage, dass Buck ein Teufel ist."
"Eh? What did I say? I speak true when I say Buck is a devil."

François sagte dies am nächsten Morgen, nachdem er festgestellt hatte, dass Spitz verschwunden war.
François said this the next morning after finding Spitz missing.

Buck stand da, übersät mit Wunden aus dem erbitterten Kampf.
Buck stood there, covered with wounds from the vicious fight.

François zog Buck zum Feuer und zeigte auf die Verletzungen.
François pulled Buck near the fire and pointed at the injuries.

„Dieser Spitz hat gekämpft wie der Devik", sagte Perrault und beäugte die tiefen Schnittwunden.
"That Spitz fought like the Devik," said Perrault, eyeing the deep gashes.

„Und dieser Buck hat wie zwei Teufel gekämpft", antwortete François sofort.
"And that Buck fought like two devils," François replied at once.

„Jetzt kommen wir gut voran; kein Spitz mehr, kein Ärger mehr."
"Now we will make good time; no more Spitz, no more trouble."

Perrault packte die Ausrüstung und belud den Schlitten sorgfältig.
Perrault was packing the gear and loaded the sled with care.

François spannte die Hunde für den Lauf des Tages an.
François harnessed the dogs in preparation for the day's run.

Buck trabte direkt an die Führungsposition, die einst Spitz innehatte.
Buck trotted straight to the lead position once held by Spitz.

**Doch François bemerkte es nicht und führte Solleks nach vorne.**

But François, not noticing, led Solleks forward to the front.

**Nach François' Einschätzung war Solleks nun der beste Leithund.**

In François's judgment, Solleks was now the best lead-dog.

**Buck stürzte sich wütend auf Solleks und trieb ihn aus Protest zurück.**

Buck sprang at Solleks in fury and drove him back in protest.

**Er stand dort, wo einst Spitz gestanden hatte, und beanspruchte die Führungsposition.**

He stood where Spitz once had stood, claiming the lead position.

**„Wie? Wie?", rief François und schlug sich amüsiert auf die Schenkel.**

"Eh? Eh?" cried François, slapping his thighs in amusement.

**„Sehen Sie sich Buck an – er hat Spitz umgebracht und jetzt will er ihm den Job wegnehmen!"**

"Look at Buck—he killed Spitz, now he wants to take the job!"

**„Geh weg, Chook!", schrie er und versuchte, Buck zu vertreiben.**

"Go away, Chook!" he shouted, trying to drive Buck away.

**Aber Buck weigerte sich, sich zu bewegen und blieb fest im Schnee stehen.**

But Buck refused to move and stood firm in the snow.

**François packte Buck am Genick und zog ihn beiseite.**

François grabbed Buck by the scruff, dragging him aside.

**Buck knurrte leise und drohend, griff aber nicht an.**

Buck growled low and threateningly but did not attack.

**François brachte Solleks wieder in Führung und versuchte, den Streit zu schlichten**

François put Solleks back in the lead, trying to settle the dispute

**Der alte Hund zeigte Angst vor Buck und wollte nicht bleiben.**

The old dog showed fear of Buck and didn't want to stay.

Als François ihm den Rücken zuwandte, verjagte Buck Solleks wieder.

When François turned his back, Buck drove Solleks out again.

Solleks leistete keinen Widerstand und trat erneut leise zur Seite.

Solleks did not resist and quietly stepped aside once more.

François wurde wütend und schrie: „Bei Gott, ich werde dich heilen!"

François grew angry and shouted, "By God, I fix you!"

Er kam mit einer schweren Keule in der Hand auf Buck zu.

He came toward Buck holding a heavy club in his hand.

Buck erinnerte sich gut an den Mann im roten Pullover.

Buck remembered the man in the red sweater well.

Er zog sich langsam zurück, beobachtete François, knurrte jedoch tief.

He retreated slowly, watching François, but growling deeply.

Er eilte nicht zurück, auch nicht, als Solleks an seiner Stelle stand.

He did not rush back, even when Solleks stood in his place.

Buck kreiste knapp außerhalb seiner Reichweite und knurrte wütend und protestierend.

Buck circled just beyond reach, snarling in fury and protest.

Er behielt den Schläger im Auge und war bereit auszuweichen, falls François warf.

He kept his eyes on the club, ready to dodge if François threw.

Er war weise und vorsichtig geworden im Umgang mit bewaffneten Männern.

He had grown wise and wary in the ways of men with weapons.

François gab auf und rief Buck erneut an seinen alten Platz.

François gave up and called Buck to his former place again.

Aber Buck trat vorsichtig zurück und weigerte sich, dem Befehl Folge zu leisten.

But Buck stepped back cautiously, refusing to obey the order.

François folgte ihm, aber Buck wich nur ein paar Schritte zurück.

François followed, but Buck only retreated a few steps more.

**Nach einiger Zeit warf François frustriert die Waffe hin.**

After some time, François threw the weapon down in frustration.

**Er dachte, Buck hätte Angst vor einer Tracht Prügel und würde ruhig kommen.**

He thought Buck feared a beating and was going to come quietly.

**Aber Buck wollte sich nicht vor einer Strafe drücken – er kämpfte um seinen Rang.**

But Buck wasn't avoiding punishment—he was fighting for rank.

**Er hatte sich den Platz als Leithund durch einen Kampf auf Leben und Tod verdient**

He had earned the lead-dog spot through a fight to the death

**er würde sich mit nichts Geringerem zufrieden geben, als der Anführer zu sein.**

he was not going to settle for anything less than being the leader.

**Perrault beteiligte sich an der Verfolgung, um den rebellischen Buck zu fangen.**

Perrault took a hand in the chase to help catch the rebellious Buck.

**Gemeinsam ließen sie ihn fast eine Stunde lang durch das Lager laufen.**

Together, they ran him around the camp for nearly an hour.

**Sie warfen Knüppel nach ihm, aber Buck wich jedem Schlag geschickt aus.**

They hurled clubs at him, but Buck dodged each one skillfully.

**Sie verfluchten ihn, seine Vorfahren, seine Nachkommen und jedes Haar an ihm.**

They cursed him, his ancestors, his descendants, and every hair on him.

**Aber Buck knurrte nur zurück und blieb gerade außerhalb ihrer Reichweite.**

But Buck only snarled back and stayed just out of their reach.

**Er versuchte nie wegzulaufen, sondern umkreiste das Lager absichtlich.**

He never tried to run away but circled the camp deliberately.

**Er machte klar, dass er gehorchen würde, sobald sie ihm gäben, was er wollte.**

He made it clear he was going to obey once they gave him what he wanted.

**Schließlich setzte sich François hin und kratzte sich frustriert am Kopf.**

François finally sat down and scratched his head in frustration.

**Perrault sah auf seine Uhr, fluchte und murmelte etwas über die verlorene Zeit.**

Perrault checked his watch, swore, and muttered about lost time.

**Obwohl sie eigentlich auf der Spur sein sollten, war bereits eine Stunde vergangen.**

An hour had already passed when they should have been on the trail.

**François zuckte verlegen mit den Achseln, als der Kurier resigniert seufzte.**

François shrugged sheepishly at the courier, who sighed in defeat.

**Dann ging François zu Solleks und rief Buck noch einmal.**

Then François walked to Solleks and called out to Buck once more.

**Buck lachte wie ein Hund, wahrte jedoch vorsichtig seine Distanz.**

Buck laughed like a dog laughs, but kept his cautious distance.

**François nahm Solleks das Geschirr ab und brachte ihn an seinen Platz zurück.**

François removed Solleks's harness and returned him to his spot.

**Das Schlittenteam stand voll angespannt da, nur ein Platz war unbesetzt.**

The sled team stood fully harnessed, with only one spot unfilled.

Die Führungsposition blieb leer und war eindeutig nur für Buck bestimmt.

The lead position remained empty, clearly meant for Buck alone.

François rief erneut, und wieder lachte Buck und blieb standhaft.

François called again, and again Buck laughed and held his ground.

„Wirf die Keule weg", befahl Perrault ohne zu zögern.

"Throw down the club," Perrault ordered without hesitation.

François gehorchte und Buck trabte sofort stolz vorwärts.

François obeyed, and Buck immediately trotted forward proudly.

Er lachte triumphierend und übernahm die Führungsposition.

He laughed triumphantly and stepped into the lead position.

François befestigte seine Leinen und der Schlitten wurde losgerissen.

François secured his traces, and the sled was broken loose.

Beide Männer liefen neben dem Team her, als es auf den Flusspfad rannte.

Both men ran alongside as the team raced onto the river trail.

François hatte Bucks „zwei Teufel" sehr geschätzt,

François had thought highly of Buck's "two devils,"

aber er merkte bald, dass er den Hund tatsächlich unterschätzt hatte.

but he soon realized he had actually underestimated the dog.

Buck übernahm schnell die Führung und erbrachte hervorragende Leistungen.

Buck quickly assumed leadership and performed with excellence.

In puncto Urteilsvermögen, schnelles Denken und schnelles Handeln übertraf Buck Spitz.

In judgment, quick thinking, and fast action, Buck surpassed Spitz.

François hatte noch nie einen Hund gesehen, der dem von Buck gleichkam.

François had never seen a dog equal to what Buck now displayed.

**Aber Buck war wirklich herausragend darin, für Ordnung zu sorgen und Respekt zu erlangen.**

But Buck truly excelled in enforcing order and commanding respect.

**Dave und Solleks akzeptierten die Änderung ohne Bedenken oder Protest.**

Dave and Solleks accepted the change without concern or protest.

**Sie konzentrierten sich nur auf die Arbeit und zogen kräftig die Zügel an.**

They focused only on work and pulling hard in the reins.

**Es war ihnen egal, wer führte, solange der Schlitten in Bewegung blieb.**

They cared little who led, so long as the sled kept moving.

**Billee, der Fröhliche, hätte, soweit es sie interessierte, die Führung übernehmen können.**

Billee, the cheerful one, could have led for all they cared.

**Was ihnen wichtig war, waren Frieden und Ordnung in den Reihen.**

What mattered to them was peace and order in the ranks.


**Der Rest des Teams war während Spitz' Niedergang unbändig geworden.**

The rest of the team had grown unruly during Spitz's decline.

**Sie waren schockiert, als Buck sie sofort zur Ordnung rief.**

They were shocked when Buck immediately brought them to order.

**Pike war immer faul gewesen und hatte Buck hinterhergehangen.**

Pike had always been lazy and dragging his feet behind Buck.

**Doch nun wurde er von der neuen Führung scharf diszipliniert.**

But now was sharply disciplined by the new leadership.

**Und er lernte schnell, seinen Teil zum Team beizutragen.**

And he quickly learned to pull his weight in the team.

**Am Ende des Tages hatte Pike härter gearbeitet als je zuvor.**
By the end of the day, Pike worked harder than ever before.
**In dieser Nacht im Lager wurde Joe, der mürrische Hund, endlich beruhigt.**
That night in camp, Joe, the sour dog, was finally subdued.
**Spitz hatte es nicht geschafft, ihn zu disziplinieren, aber Buck versagte nicht.**
Spitz had failed to discipline him, but Buck did not fail.
**Durch die Nutzung seines größeren Gewichts überwältigte Buck Joe in Sekundenschnelle.**
Using his greater weight, Buck overwhelmed Joe in seconds.
**Er biss und schlug Joe, bis dieser wimmerte und aufhörte, sich zu wehren.**
He bit and battered Joe until he whimpered and ceased resisting.
**Von diesem Moment an verbesserte sich das gesamte Team.**
The whole team improved from that moment on.
**Die Hunde erlangten ihre alte Einheit und Disziplin zurück.**
The dogs regained their old unity and discipline.
**In Rink Rapids kamen zwei neue einheimische Huskies hinzu, Teek und Koona.**
At Rink Rapids, two new native huskies, Teek and Koona, joined.
**Bucks schnelle Ausbildung erstaunte sogar François.**
Buck's swift training of them astonished even François.
**„So einen Hund wie diesen Buck hat es noch nie gegeben!", rief er erstaunt.**
"Never was there such a dog as that Buck!" he cried in amazement.
**„Nein, niemals! Er ist tausend Dollar wert, bei Gott!"**
"No, never! He's worth one thousand dollars, by God!"
**„Wie? Was sagst du dazu, Perrault?", fragte er stolz.**
"Eh? What do you say, Perrault?" he asked with pride.
**Perrault nickte zustimmend und überprüfte seine Notizen.**
Perrault nodded in agreement and checked his notes.
**Wir liegen bereits vor dem Zeitplan und kommen täglich weiter voran.**

We're already ahead of schedule and gaining more each day.

**Der Weg war festgestampft und glatt, es lag kein Neuschnee.**

The trail was hard-packed and smooth, with no fresh snow.

**Es war konstant kalt und lag die ganze Zeit bei minus fünfzig Grad.**

The cold was steady, hovering at fifty below zero throughout.

**Die Männer ritten und rannten abwechselnd, um sich warm zu halten und Zeit zu gewinnen.**

The men rode and ran in turns to keep warm and make time.

**Die Hunde rannten schnell, mit wenigen Pausen, immer vorwärts.**

The dogs ran fast with few stops, always pushing forward.

**Der Thirty Mile River war größtenteils zugefroren und leicht zu überqueren.**

The Thirty Mile River was mostly frozen and easy to travel across.

**Was zehn Tage gedauert hatte, wurde an einem Tag verschickt.**

They went out in one day what had taken ten days coming in.

**Sie legten einen sechsundneunzig Kilometer langen Sprint vom Lake Le Barge nach White Horse zurück.**

They made a sixty-mile dash from Lake Le Barge to White Horse.

**Sie bewegten sich unglaublich schnell über die Seen Marsh, Tagish und Bennett.**

Across Marsh, Tagish, and Bennett Lakes they moved incredibly fast.

**Der laufende Mann wird an einem Seil hinter dem Schlitten hergezogen.**

The running man towed behind the sled on a rope.

**In der letzten Nacht der zweiten Woche erreichten sie ihr Ziel.**

On the last night of week two they got to their destination.

**Sie hatten gemeinsam die Spitze des White Pass erreicht.**

They had reached the top of White Pass together.

**Sie sanken auf Meereshöhe hinab, mit den Lichtern von Skaguay unter ihnen.**

They dropped down to sea level with Skaguay's lights below them.

**Es war ein Rekordlauf durch kilometerlange kalte Wildnis.**

It had been a record-setting run across miles of cold wilderness.

**An vierzehn aufeinanderfolgenden Tagen legten sie im Durchschnitt satte vierundsechzig Kilometer zurück.**

For fourteen days straight, they averaged a strong forty miles.

**In Skaguay transportierten Perrault und François Fracht durch die Stadt.**

In Skaguay, Perrault and François moved cargo through town.

**Die bewundernde Menge jubelte ihnen zu und bot ihnen viele Getränke an.**

They were cheered and offered many drinks by admiring crowds.

**Hundefänger und Arbeiter versammelten sich um das berühmte Hundegespann.**

Dog-busters and workers gathered around the famous dog team.

**Dann kamen Gesetzlose aus dem Westen in die Stadt und erlitten eine brutale Niederlage.**

Then western outlaws came to town and met violent defeat.

**Die Leute vergaßen bald das Team und konzentrierten sich auf neue Dramen.**

The people soon forgot the team and focused on new drama.

**Dann kamen die neuen Befehle, die alles auf einen Schlag veränderten.**

Then came the new orders that changed everything at once.

**François rief Buck zu sich und umarmte ihn mit tränenreichem Stolz.**

François called Buck to him and hugged him with tearful pride.

**In diesem Moment sah Buck François zum letzten Mal wieder.**

That moment was the last time Buck ever saw François again.

**Wie viele Männer zuvor waren sowohl François als auch Perrault nicht mehr da.**

Like many men before, both François and Perrault were gone.

**Ein schottischer Mischling übernahm das Kommando über Buck und seine Schlittenhunde-Kollegen.**

A Scotch half-breed took charge of Buck and his sled dog teammates.

**Mit einem Dutzend anderer Hundegespanne kehrten sie auf dem Weg nach Dawson zurück.**

With a dozen other dog teams, they returned along the trail to Dawson.

**Es war kein Schnelllauf mehr, sondern harte Arbeit mit einer schweren Last jeden Tag.**

It was no fast run now—just heavy toil with a heavy load each day.

**Dies war der Postzug, der den Goldsuchern in der Nähe des Pols Nachrichten brachte.**

This was the mail train, bringing word to gold hunters near the Pole.

**Buck mochte die Arbeit nicht, ertrug sie jedoch gut und war stolz auf seine Leistung.**

Buck disliked the work but bore it well, taking pride in his effort.

**Wie Dave und Solleks zeigte Buck Hingabe bei jeder täglichen Aufgabe.**

Like Dave and Solleks, Buck showed devotion to every daily task.

**Er stellte sicher, dass jeder seiner Teamkollegen seinen Teil beitrug.**

He made sure his teammates each pulled their fair weight.

**Das Leben auf dem Trail wurde langweilig und wiederholte sich mit der Präzision einer Maschine.**

Trail life became dull, repeated with the precision of a machine.

**Jeder Tag fühlte sich gleich an, ein Morgen ging in den nächsten über.**

Each day felt the same, one morning blending into the next.

Zur gleichen Stunde standen die Köche auf, um Feuer zu machen und Essen zuzubereiten.

At the same hour, the cooks rose to build fires and prepare food.

Nach dem Frühstück verließen einige das Lager, während andere die Hunde anspannten.

After breakfast, some left camp while others harnessed the dogs.

Sie machten sich auf den Weg, bevor die schwache Morgendämmerung den Himmel berührte.

They hit the trail before the dim warning of dawn touched the sky.

Nachts hielten sie an, um ihr Lager aufzuschlagen, wobei jeder Mann eine festgelegte Aufgabe hatte.

At night, they stopped to make camp, each man with a set duty.

Einige stellten die Zelte auf, andere hackten Feuerholz und sammelten Kiefernzweige.

Some pitched the tents, others cut firewood and gathered pine boughs.

Zum Abendessen wurde den Köchen Wasser oder Eis mitgebracht.

Water or ice was carried back to the cooks for the evening meal.

Die Hunde wurden gefüttert und das war für sie der schönste Teil des Tages.

The dogs were fed, and this was the best part of the day for them.

Nachdem sie Fisch gegessen hatten, entspannten sich die Hunde und machten es sich in der Nähe des Feuers gemütlich.

After eating fish, the dogs relaxed and lounged near the fire.

Im Konvoi waren noch hundert andere Hunde, unter die man sich mischen konnte.

There were a hundred other dogs in the convoy to mingle with.

**Viele dieser Hunde waren wild und kämpften ohne Vorwarnung.**

Many of those dogs were fierce and quick to fight without warning.

**Doch nach drei Siegen war Buck selbst den härtesten Kämpfern überlegen.**

But after three wins, Buck mastered even the fiercest fighters.

**Als Buck nun knurrte und die Zähne fletschte, traten sie zur Seite.**

Now when Buck growled and showed his teeth, they stepped aside.

**Und das Beste war vielleicht, dass Buck es liebte, neben dem flackernden Lagerfeuer zu liegen.**

Perhaps best of all, Buck loved lying near the flickering campfire.

**Er hockte mit angezogenen Hinterbeinen und nach vorne gestreckten Vorderbeinen.**

He crouched with hind legs tucked and front legs stretched ahead.

**Er hatte den Kopf erhoben und blinzelte sanft in die glühenden Flammen.**

His head was raised as he blinked softly at the glowing flames.

**Manchmal musste er an Richter Millers großes Haus in Santa Clara denken.**

Sometimes he recalled Judge Miller's big house in Santa Clara.

**Er dachte an den Zementpool, an Ysabel und den Mops namens Toots.**

He thought of the cement pool, of Ysabel, and the pug called Toots.

**Aber häufiger musste er an die Keule des Mannes mit dem roten Pullover denken.**

But more often he remembered the man with the red sweater's club.

**Er erinnerte sich an Curlys Tod und seinen erbitterten Kampf mit Spitz.**

He remembered Curly's death and his fierce battle with Spitz.

**Er erinnerte sich auch an das gute Essen, das er gegessen hatte oder von dem er immer noch träumte.**

He also recalled the good food he had eaten or still dreamed of.

**Buck hatte kein Heimweh – das warme Tal war weit weg und unwirklich.**

Buck was not homesick—the warm valley was distant and unreal.

**Die Erinnerungen an Kalifornien hatten keine große Anziehungskraft mehr auf ihn.**

Memories of California no longer held any real pull over him.

**Stärker als die Erinnerung waren die tief in seinem Blut verwurzelten Instinkte.**

Stronger than memory were instincts deep in his bloodline.

**Einst verlorene Gewohnheiten waren zurückgekehrt und durch den Weg und die Wildnis wiederbelebt worden.**

Habits once lost had returned, revived by the trail and the wild.

**Während Buck das Feuerlicht betrachtete, veränderte sich seine Wahrnehmung manchmal.**

As Buck watched the firelight, it sometimes became something else.

**Er sah im Feuerschein ein anderes Feuer, älter und tiefer als das gegenwärtige.**

He saw in the firelight another fire, older and deeper than the present one.

**Neben dem anderen Feuer hockte ein Mann, der anders aussah als der Mischlingskoch.**

Beside that other fire crouched a man unlike the half-breed cook.

**Diese Figur hatte kurze Beine, lange Arme und harte, verknotete Muskeln.**

This figure had short legs, long arms, and hard, knotted muscles.

**Sein Haar war lang und verfilzt und fiel von den Augen nach hinten ab.**

His hair was long and matted, sloping backward from the eyes.

**Er gab seltsame Geräusche von sich und starrte voller Angst in die Dunkelheit.**

He made strange sounds and stared out in fear at the darkness.

**Er hielt eine Steinkeule tief in seiner langen, rauen Hand fest.**

He held a stone club low, gripped tightly in his long rough hand.

**Der Mann trug wenig, nur eine verkohlte Haut, die ihm den Rücken hinunterhing.**

The man wore little; just a charred skin that hung down his back.

**Sein Körper war an Armen, Brust und Oberschenkeln mit dichtem Haar bedeckt.**

His body was covered with thick hair across arms, chest, and thighs.

**Einige Teile des Haares waren zu rauen Fellbüscheln verfilzt.**

Some parts of the hair were tangled into patches of rough fur.

**Er stand nicht gerade, sondern war von der Hüfte bis zu den Knien nach vorne gebeugt.**

He did not stand straight but bent forward from the hips to knees.

**Seine Schritte waren federnd und katzenartig, als wäre er immer zum Sprung bereit.**

His steps were springy and catlike, as if always ready to leap.

**Er war in höchster Wachsamkeit, als lebte er in ständiger Angst.**

There was a sharp alertness, like he lived in constant fear.

**Dieser alte Mann schien mit Gefahr zu rechnen, ob er die Gefahr nun sah oder nicht.**

This ancient man seemed to expect danger, whether the danger was seen or not.

**Manchmal schlief der haarige Mann am Feuer, den Kopf zwischen die Beine gesteckt.**

At times the hairy man slept by the fire, head tucked between legs.

**Seine Ellbogen ruhten auf seinen Knien, die Hände waren über seinem Kopf gefaltet.**

His elbows rested on his knees, hands clasped above his head.

**Wie ein Hund benutzte er seine haarigen Arme, um den fallenden Regen abzuschütteln.**

Like a dog he used his hairy arms to shed off the falling rain.

**Hinter dem Feuerschein sah Buck zwei Kohlen im Dunkeln glühen.**

Beyond the firelight, Buck saw twin coals glowing in the dark.

**Immer zu zweit, waren sie die Augen der sich anpirschenden Raubtiere.**

Always two by two, they were the eyes of stalking beasts of prey.

**Er hörte, wie Körper durchs Unterholz krachten und Geräusche in der Nacht.**

He heard bodies crash through brush and sounds made in the night.

**Buck lag blinzelnd am Ufer des Yukon und träumte am Feuer.**

Lying on the Yukon bank, blinking, Buck dreamed by the fire.

**Die Anblicke und Geräusche dieser wilden Welt ließen ihm die Haare zu Berge stehen.**

The sights and sounds of that wild world made his hair stand up.

**Das Fell stand ihm über den Rücken, die Schultern und den Hals hinauf.**

The fur rose along his back, his shoulders, and up his neck.

**Er wimmerte leise oder gab ein tiefes Knurren aus der Brust von sich.**

He whimpered softly or gave a low growl deep in his chest.

**Dann rief der Mischlingskoch: „Hey, du Buck, wach auf!"**

Then the half-breed cook shouted, "Hey, you Buck, wake up!"

**Die Traumwelt verschwand und das wirkliche Leben kehrte in Bucks Augen zurück.**

The dream world vanished, and real life returned to Buck's eyes.

**Er wollte aufstehen, sich strecken und gähnen, als wäre er aus einem Nickerchen erwacht.**

He was going to get up, stretch, and yawn, as if woken from a nap.

**Die Reise war anstrengend, da sie den Postschlitten hinter sich herziehen mussten.**

The trip was hard, with the mail sled dragging behind them.

**Schwere Lasten und harte Arbeit zermürbten die Hunde jeden langen Tag.**

Heavy loads and tough work wore down the dogs each long day.

**Sie kamen dünn und müde in Dawson an und brauchten über eine Woche Ruhe.**

They reached Dawson thin, tired, and needing over a week's rest.

**Doch nur zwei Tage später machten sie sich erneut auf den Weg den Yukon hinunter.**

But only two days later, they set out down the Yukon again.

**Sie waren mit weiteren Briefen beladen, die für die Außenwelt bestimmt waren.**

They were loaded with more letters bound for the outside world.

**Die Hunde waren erschöpft und die Männer beschwerten sich ständig.**

The dogs were exhausted and the men were complaining constantly.

**Jeden Tag fiel Schnee, der den Weg weicher machte und die Schlitten verlangsamte.**

Snow fell every day, softening the trail and slowing the sleds.

**Dies führte zu einem stärkeren Ziehen und einem größeren Widerstand der Läufer.**

This made for harder pulling and more drag on the runners.

**Trotzdem waren die Fahrer fair und kümmerten sich um ihre Teams.**

Despite that, the drivers were fair and cared for their teams.

Jeden Abend wurden die Hunde gefüttert, bevor die Männer etwas zu essen bekamen.

Each night, the dogs were fed before the men got to eat.

Kein Mann geht schlafen, ohne vorher die Pfoten seines eigenen Hundes zu kontrollieren.

No man slept before checking the feet of his own dog's.

Dennoch wurden die Hunde mit jeder zurückgelegten Strecke schwächer.

Still, the dogs grew weaker as the miles wore on their bodies.

Sie waren den ganzen Winter über zweitausendachthundert Kilometer gereist.

They had traveled eighteen hundred miles through the winter.

Sie zogen Schlitten über jede Meile dieser brutalen Distanz.

They pulled sleds across every mile of that brutal distance.

Selbst die härtesten Schlittenhunde spüren nach so vielen Kilometern die Belastung.

Even the toughest sled dogs feel strain after so many miles.

Buck hielt durch, sorgte für die Weiterarbeit seines Teams und sorgte für die nötige Disziplin.

Buck held on, kept his team working, and maintained discipline.

Aber Buck war müde, genau wie die anderen auf der langen Reise.

But Buck was tired, just like the others on the long journey.

Billee wimmerte und weinte jede Nacht ohne Ausnahme im Schlaf.

Billee whimpered and cried in his sleep each night without fail.

Joe wurde noch verbitterter und Solleks blieb kalt und distanziert.

Joe grew even more bitter, and Solleks stayed cold and distant.

Doch Dave war derjenige des gesamten Teams, der am meisten darunter litt.

But it was Dave who suffered the worst out of the entire team.

Irgendetwas in seinem Inneren war schiefgelaufen, doch niemand wusste, was.

Something had gone wrong inside him, though no one knew what.

**Er wurde launischer und fuhr andere mit wachsender Wut an.**

He became moodier and snapped at others with growing anger.

**Jede Nacht ging er direkt zu seinem Nest und wartete darauf, gefüttert zu werden.**

Each night he went straight to his nest, waiting to be fed.

**Als Dave einmal unten war, stand er bis zum Morgen nicht mehr auf.**

Once he was down, Dave did not get up again till morning.

**Plötzliche Rucke oder Anlaufe an den Zügeln ließen ihn vor Schmerzen aufschreien.**

On the reins, sudden jerks or starts made him cry out in pain.

**Sein Fahrer suchte nach der Ursache, konnte jedoch keine Verletzungen feststellen.**

His driver searched for the cause, but found no injury on him.

**Alle Fahrer beobachteten Dave und besprachen seinen Fall.**

All the drivers began watching Dave and discussed his case.

**Sie unterhielten sich beim Essen und während ihrer letzten Zigarette des Tages.**

They talked at meals and during their final smoke of the day.

**Eines Nachts hielten sie eine Versammlung ab und brachten Dave zum Feuer.**

One night they held a meeting and brought Dave to the fire.

**Sie drückten und untersuchten seinen Körper und er schrie oft.**

They pressed and probed his body, and he cried out often.

**Offensichtlich stimmte etwas nicht, auch wenn keine Knochen gebrochen zu sein schienen.**

Clearly, something was wrong, though no bones seemed broken.

**Als sie Cassiar Bar erreichten, war Dave am Umfallen.**

By the time they reached Cassiar Bar, Dave was falling down.

**Der schottische Mischling machte Schluss und nahm Dave aus dem Team.**

The Scotch half-breed called a halt and removed Dave from the team.

**Er befestigte Solleks an Daves Stelle, ganz vorne am Schlitten.**

He fastened Solleks in Dave's place, closest to the sled's front.

**Er wollte Dave ausruhen und ihm die Freiheit geben, hinter dem fahrenden Schlitten herzulaufen.**

He meant to let Dave rest and run free behind the moving sled.

**Doch selbst als er krank war, hasste Dave es, von seinem Job geholt zu werden.**

But even sick, Dave hated being taken from the job he had owned.

**Er knurrte und wimmerte, als ihm die Zügel aus dem Körper gerissen wurden.**

He growled and whimpered as the reins were pulled from his body.

**Als er Solleks an seiner Stelle sah, weinte er vor gebrochenem Herzen.**

When he saw Solleks in his place, he cried with broken-hearted pain.

**Dave war noch immer stolz auf seine Arbeit auf dem Weg, selbst als der Tod nahte.**

The pride of trail work was deep in Dave, even as death approached.

**Während der Schlitten fuhr, kämpfte sich Dave durch den weichen Schnee in der Nähe des Pfades.**

As the sled moved, Dave floundered through soft snow near the trail.

**Er griff Solleks an, biss ihn und stieß ihn von der Seite des Schlittens.**

He attacked Solleks, biting and pushing him from the sled's side.

**Dave versuchte, in das Geschirr zu springen und seinen Arbeitsplatz zurückzuerobern.**

Dave tried to leap into the harness and reclaim his working spot.

**Er schrie, jammerte und weinte, hin- und hergerissen zwischen Schmerz und Stolz auf die Wehen.**

He yelped, whined, and cried, torn between pain and pride in labor.

**Der Mischling versuchte, Dave mit seiner Peitsche vom Team zu vertreiben.**

The half-breed used his whip to try driving Dave away from the team.

**Doch Dave ignorierte den Hieb und der Mann konnte nicht härter zuschlagen.**

But Dave ignored the lash, and the man couldn't strike him harder.

**Dave lehnte den einfacheren Weg hinter dem Schlitten ab, wo der Schnee festgefahren war.**

Dave refused the easier path behind the sled, where snow was packed.

**Stattdessen kämpfte er sich elend durch den tiefen Schnee neben dem Weg.**

Instead, he struggled in the deep snow beside the trail, in misery.

**Schließlich brach Dave zusammen, blieb im Schnee liegen und schrie vor Schmerzen.**

Eventually, Dave collapsed, lying in the snow and howling in pain.

**Er schrie auf, als die lange Schlittenkette einer nach dem anderen an ihm vorbeifuhr.**

He cried out as the long train of sleds passed him one by one.

**Dennoch stand er mit der ihm verbleibenden Kraft auf und stolperte ihnen hinterher.**

Still, with what strength remained, he rose and stumbled after them.

**Als der Zug wieder anhielt, holte er ihn ein und fand seinen alten Schlitten.**

He caught up when the train stopped again and found his old sled.

**Er kämpfte sich an den anderen Teams vorbei und stand wieder neben Solleks.**

He floundered past the other teams and stood beside Solleks again.

**Als der Fahrer anhielt, um seine Pfeife anzuzünden, nutzte Dave seine letzte Chance.**

As the driver paused to light his pipe, Dave took his last chance.

**Als der Fahrer zurückkam und schrie, bewegte sich das Team nicht weiter.**

When the driver returned and shouted, the team didn't move forward.

**Die Hunde hatten ihre Köpfe gedreht, verwirrt durch den plötzlichen Stopp.**

The dogs had turned their heads, confused by the sudden stoppage.

**Auch der Fahrer war schockiert – der Schlitten hatte sich keinen Zentimeter vorwärts bewegt.**

The driver was shocked too—the sled hadn't moved an inch forward.

**Er rief den anderen zu, sie sollten kommen und nachsehen, was passiert sei.**

He called out to the others to come and see what had happened.

**Dave hatte Solleks' Zügel durchgekaut und beide auseinandergerissen.**

Dave had chewed through Solleks's reins, breaking both apart.

**Nun stand er vor dem Schlitten, wieder an seinem rechtmäßigen Platz.**

Now he stood in front of the sled, back in his rightful position.

**Dave blickte zum Fahrer auf und flehte ihn stumm an, in der Spur zu bleiben.**

Dave looked up at the driver, silently pleading to stay in the traces.

**Der Fahrer war verwirrt und wusste nicht, was er für den zappelnden Hund tun sollte.**

The driver was puzzled, unsure of what to do for the struggling dog.

**Die anderen Männer sprachen von Hunden, die beim Rausbringen gestorben waren.**

The other men spoke of dogs who had died from being taken out.

**Sie erzählten von alten oder verletzten Hunden, denen es das Herz brach, als sie zurückgelassen wurden.**

They told of old or injured dogs whose hearts broke when left behind.

**Sie waren sich einig, dass es Gnade wäre, Dave sterben zu lassen, während er noch im Geschirr steckte.**

They agreed it was mercy to let Dave die while still in his harness.

**Er wurde wieder auf dem Schlitten festgeschnallt und Dave zog voller Stolz.**

He was fastened back onto the sled, and Dave pulled with pride.

**Obwohl er manchmal schrie, arbeitete er, als könne man den Schmerz ignorieren.**

Though he cried out at times, he worked as if pain could be ignored.

**Mehr als einmal fiel er und wurde mitgeschleift, bevor er wieder aufstand.**

More than once he fell and was dragged before rising again.

**Einmal wurde er vom Schlitten überrollt und von diesem Moment an humpelte er.**

Once, the sled rolled over him, and he limped from that moment on.

**Trotzdem arbeitete er, bis das Lager erreicht war, und legte sich dann ans Feuer.**

Still, he worked until camp was reached, and then lay by the fire.

**Am Morgen war Dave zu schwach, um zu reisen oder auch nur aufrecht zu stehen.**

By morning, Dave was too weak to travel or even stand upright.

**Als es Zeit war, das Geschirr anzulegen, versuchte er mit zitternder Anstrengung, seinen Fahrer zu erreichen.**

At harness-up time, he tried to reach his driver with trembling effort.

**Er rappelte sich auf, taumelte und brach auf dem schneebedeckten Boden zusammen.**

He forced himself up, staggered, and collapsed onto the snowy ground.

**Mithilfe seiner Vorderbeine zog er seinen Körper in Richtung des Angeschirrs.**

Using his front legs, he dragged his body toward the harnessing area.

**Zentimeter für Zentimeter schob er sich auf die Arbeitshunde zu.**

He hitched himself forward, inch by inch, toward the working dogs.

**Er verließ die Kraft, aber er machte mit seinem letzten verzweifelten Vorstoß weiter.**

His strength gave out, but he kept moving in his last desperate push.

**Seine Teamkollegen sahen ihn im Schnee nach Luft schnappen und sich immer noch danach sehnen, zu ihnen zu kommen.**

His teammates saw him gasping in the snow, still longing to join them.

**Sie hörten ihn vor Kummer schreien, als sie das Lager hinter sich ließen.**

They heard him howling with sorrow as they left the camp behind.

**Als das Team zwischen den Bäumen verschwand, hallte Daves Schrei hinter ihnen wider.**

As the team vanished into trees, Dave's cry echoed behind them.

**Der Schlittenzug hielt kurz an, nachdem er einen Abschnitt des Flusswalds überquert hatte.**

The sled train halted briefly after crossing a stretch of river timber.

**Der schottische Mischling ging langsam zurück zum Lager dahinter.**

The Scotch half-breed walked slowly back toward the camp behind.

**Die Männer verstummten, als sie ihn den Schlittenzug verlassen sahen.**

The men stopped speaking when they saw him leave the sled train.

**Dann ertönte ein einzelner Schuss klar und scharf über den Weg.**

Then a single gunshot rang out clear and sharp across the trail.

**Der Mann kam schnell zurück und nahm wortlos seinen Platz ein.**

The man returned quickly and took up his place without a word.

**Peitschen knallten, Glöckchen bimmelten und die Schlitten rollten durch den Schnee.**

Whips cracked, bells jingled, and the sleds rolled on through snow.

**Aber Buck wusste, was passiert war – und alle anderen Hunde auch.**

But Buck knew what had happened—and so did every other dog.

## Die Mühen der Zügel und des Trails
The Toil of Reins and Trail

Dreißig Tage nach dem Verlassen von Dawson erreichte die Salt Water Mail Skaguay.

Thirty days after leaving Dawson, the Salt Water Mail reached Skaguay.

Buck und seine Teamkollegen gingen in Führung, kamen aber in einem erbärmlichen Zustand an.

Buck and his teammates pulled the lead, arriving in pitiful condition.

Buck hatte von hundertvierzig auf hundertfünfzehn Pfund abgenommen.

Buck had dropped from one hundred forty to one hundred fifteen pounds.

Die anderen Hunde hatten, obwohl kleiner, noch mehr Körpergewicht verloren.

The other dogs, though smaller, had lost even more body weight.

Pike, einst ein vorgetäuschter Hinker, schleppte nun ein wirklich verletztes Bein hinter sich her.

Pike, once a fake limper, now dragged a truly injured leg behind him.

Solleks humpelte stark und Dub hatte ein verrenktes Schulterblatt.

Solleks was limping badly, and Dub had a wrenched shoulder blade.

Die Füße aller Hunde im Team waren von den Wochen auf dem gefrorenen Pfad wund.

Every dog in the team was footsore from weeks on the frozen trail.

Ihre Schritte waren völlig federnd und bewegten sich nur langsam und schleppend.

They had no spring left in their steps, only slow, dragging motion.

Ihre Füße treffen den Weg hart und jeder Schritt belastet ihren Körper stärker.

Their feet hit the trail hard, each step adding more strain to their bodies.

**Sie waren nicht krank, sondern nur so erschöpft, dass sie sich auf natürliche Weise nicht mehr erholen konnten.**

They were not sick, only drained beyond all natural recovery.

**Dies war nicht die Müdigkeit eines harten Tages, die durch eine Nachtruhe geheilt werden konnte.**

This was not tiredness from one hard day, cured with a night's rest.

**Es war eine Erschöpfung, die sich durch monatelange, zermürbende Anstrengungen langsam aufgebaut hatte.**

It was exhaustion built slowly through months of grueling effort.

**Es waren keine Kraftreserven mehr vorhanden, sie hatten alles aufgebraucht, was sie hatten.**

No reserve strength remained—they had used up every bit they had.

**Jeder Muskel, jede Faser und jede Zelle ihres Körpers war erschöpft und abgenutzt.**

Every muscle, fiber, and cell in their bodies was spent and worn.

**Und das hatte seinen Grund: Sie hatten zweitausendfünfhundert Meilen zurückgelegt.**

And there was a reason—they had covered twenty-five hundred miles.

**Auf den letzten zweitausendachthundert Kilometern hatten sie sich nur fünf Tage ausgeruht.**

They had rested only five days during the last eighteen hundred miles.

**Als sie Skaguay erreichten, sahen sie aus, als könnten sie kaum aufrecht stehen.**

When they reached Skaguay, they looked barely able to stand upright.

**Sie hatten Mühe, die Zügel straff zu halten und vor dem Schlitten zu bleiben.**

They struggled to keep the reins tight and stay ahead of the sled.

Auf abschüssigen Hängen konnten sie nur noch vermeiden, überfahren zu werden.

On downhill slopes, they only managed to avoid being run over.

„Weiter, ihr armen, wunden Füße", sagte der Fahrer, während sie weiterhumpelten.

"March on, poor sore feet," the driver said as they limped along.

„Das ist die letzte Strecke, danach bekommen wir alle auf jeden Fall noch eine lange Pause."

"This is the last stretch, then we all get one long rest, for sure."

„Eine richtig lange Pause", versprach er und sah ihnen nach, wie sie weiter taumelten.

"One truly long rest," he promised, watching them stagger forward.

Die Fahrer rechneten damit, dass sie nun eine lange, notwendige Pause bekommen würden.

The drivers expected they were going to now get a long, needed break.

Sie hatten zweitausend Meilen zurückgelegt und nur zwei Tage Pause gemacht.

They had traveled twelve hundred miles with only two days' rest.

Sie waren der Meinung, dass sie sich die Zeit zum Entspannen verdient hätten, und das aus fairen und vernünftigen Gründen.

By fairness and reason, they felt they had earned time to relax.

Aber zu viele waren zum Klondike gekommen und zu wenige waren zu Hause geblieben.

But too many had come to the Klondike, and too few had stayed home.

Es gingen unzählige Briefe von Familien ein, die zu Bergen verspäteter Post führten.

Letters from families flooded in, creating piles of delayed mail.

Offizielle Anweisungen trafen ein – neue Hudson Bay-Hunde würden die Nachfolge antreten.

Official orders arrived—new Hudson Bay dogs were going to take over.

**Die erschöpften Hunde, die nun als wertlos galten, sollten entsorgt werden.**

The exhausted dogs, now called worthless, were to be disposed of.

**Da Geld wichtiger war als Hunde, sollten sie billig verkauft werden.**

Since money mattered more than dogs, they were going to be sold cheaply.

**Drei weitere Tage vergingen, bevor die Hunde spürten, wie schwach sie waren.**

Three more days passed before the dogs felt just how weak they were.

**Am vierten Morgen kauften zwei Männer aus den Staaten das gesamte Team.**

On the fourth morning, two men from the States bought the whole team.

**Der Verkauf umfasste alle Hunde sowie ihre abgenutzte Geschirrausrüstung.**

The sale included all the dogs, plus their worn harness gear.

**Die Männer nannten sich gegenseitig „Hal" und „Charles", als sie den Deal abschlossen.**

The men called each other "Hal" and "Charles" as they completed the deal.

**Charles war mittleren Alters, blass, hatte schlaffe Lippen und wilde Schnurrbartspitzen.**

Charles was middle-aged, pale, with limp lips and fierce mustache tips.

**Hal war ein junger Mann, vielleicht neunzehn, der einen Patronengürtel trug.**

Hal was a young man, maybe nineteen, wearing a cartridge-stuffed belt.

**Am Gürtel befanden sich ein großer Revolver und ein Jagdmesser, beide unbenutzt.**

The belt held a big revolver and a hunting knife, both unused.

Es zeigte, wie unerfahren und ungeeignet er für das Leben im Norden war.

It showed how inexperienced and unfit he was for northern life.

Keiner der beiden Männer gehörte in die Wildnis; ihre Anwesenheit widersprach jeder Vernunft.

Neither man belonged in the wild; their presence defied all reason.

Buck beobachtete, wie das Geld zwischen Käufer und Makler den Besitzer wechselte.

Buck watched as money exchanged hands between buyer and agent.

Er wusste, dass die Postzugführer sein Leben wie alle anderen verlassen würden.

He knew the mail-train drivers were leaving his life like the rest.

Sie folgten Perrault und François, die nun unwiederbringlich verschwunden waren.

They followed Perrault and François, now gone beyond recall.

Buck und das Team wurden in das schlampige Lager ihrer neuen Besitzer geführt.

Buck and the team were led to their new owners' sloppy camp.

Das Zelt hing durch, das Geschirr war schmutzig und alles lag in Unordnung.

The tent sagged, dishes were dirty, and everything lay in disarray.

Buck bemerkte dort auch eine Frau – Mercedes, Charles' Frau und Hals Schwester.

Buck noticed a woman there too—Mercedes, Charles's wife and Hal's sister.

Sie bildeten eine vollständige Familie, obwohl sie alles andere als für den Wanderpfad geeignet waren.

They made a complete family, though far from suited to the trail.

Buck beobachtete nervös, wie das Trio begann, die Vorräte einzupacken.

Buck watched nervously as the trio started packing the supplies.

**Sie arbeiteten hart, aber ohne Ordnung – nur Aufhebens und vergeudete Mühe.**

They worked hard but without order—just fuss and wasted effort.

**Das Zelt war zu einer sperrigen Form zusammengerollt und viel zu groß für den Schlitten.**

The tent was rolled into a bulky shape, far too large for the sled.

**Schmutziges Geschirr wurde eingepackt, ohne dass es gespült oder getrocknet worden wäre.**

Dirty dishes were packed without being cleaned or dried at all.

**Mercedes flatterte herum, redete, korrigierte und mischte sich ständig ein.**

Mercedes fluttered about, constantly talking, correcting, and meddling.

**Als ein Sack vorne platziert wurde, bestand sie darauf, dass er hinten drankam.**

When a sack was placed on front, she insisted it go on the back.

**Sie packte den Sack ganz unten rein und im nächsten Moment brauchte sie ihn.**

She packed the sack in the bottom, and the next moment she needed it.

**Also wurde der Schlitten erneut ausgepackt, um an die eine bestimmte Tasche zu gelangen.**

So the sled was unpacked again to reach the one specific bag.

**In der Nähe standen drei Männer vor einem Zelt und beobachteten die Szene.**

Nearby, three men stood outside a tent, watching the scene unfold.

**Sie lächelten, zwinkerten und grinsten über die offensichtliche Verwirrung der Neuankömmlinge.**

They smiled, winked, and grinned at the newcomers' obvious confusion.

„Sie haben schon eine ziemlich schwere Last", sagte einer der Männer.

"You've got a right heavy load already," said one of the men.

„Ich glaube nicht, dass Sie das Zelt tragen sollten, aber es ist Ihre Entscheidung."

"I don't think you should carry that tent, but it's your choice."

„Unvorstellbar!", rief Mercedes und warf verzweifelt die Hände in die Luft.

"Undreamed of!" cried Mercedes, throwing up her hands in despair.

„Wie könnte ich ohne Zelt reisen, unter dem ich übernachten kann?"

"How could I possibly travel without a tent to stay under?"

„Es ist Frühling – Sie werden kein kaltes Wetter mehr erleben", antwortete der Mann.

"It's springtime—you won't see cold weather again," the man replied.

Aber sie schüttelte den Kopf und sie stapelten weiterhin Gegenstände auf den Schlitten.

But she shook her head, and they kept piling items onto the sled.

Als sie die letzten Dinge hinzufügten, türmte sich die Ladung gefährlich hoch auf.

The load towered dangerously high as they added the final things.

„Glauben Sie, der Schlitten fährt?", fragte einer der Männer mit skeptischem Blick.

"Think the sled will ride?" asked one of the men with a skeptical look.

„Warum sollte es nicht?", blaffte Charles mit scharfer Verärgerung zurück.

"Why shouldn't it?" Charles snapped back with sharp annoyance.

„Oh, das ist schon in Ordnung", sagte der Mann schnell und wich seiner Beleidigung aus.

"Oh, that's all right," the man said quickly, backing away from offense.

„Ich habe mich nur gewundert – es sah für mich einfach ein bisschen zu kopflastig aus."

"I was only wondering—it just looked a bit too top-heavy to me."

Charles drehte sich um und band die Ladung so gut fest, wie er konnte.

Charles turned away and tied down the load as best as he could.

Allerdings waren die Zurrgurte locker und die Verpackung insgesamt schlecht ausgeführt.

But the lashings were loose and the packing poorly done overall.

„Klar, die Hunde machen das den ganzen Tag", sagte ein anderer Mann sarkastisch.

"Sure, the dogs will pull that all day," another man said sarcastically.

„Natürlich", antwortete Hal kalt und packte die lange Lenkstange des Schlittens.

"Of course," Hal replied coldly, grabbing the sled's long gee-pole.

Mit einer Hand an der Stange schwang er mit der anderen die Peitsche.

With one hand on the pole, he swung the whip in the other.

„Los geht's!", rief er. „Bewegt euch!", und trieb die Hunde zum Aufbruch an.

"Let's go!" he shouted. "Move it!" urging the dogs to start.

Die Hunde lehnten sich in das Geschirr und spannten sich einige Augenblicke lang an.

The dogs leaned into the harness and strained for a few moments.

Dann blieben sie stehen, da sie den überladenen Schlitten keinen Zentimeter bewegen konnten.

Then they stopped, unable to budge the overloaded sled an inch.

„Diese faulen Bestien!", schrie Hal und hob die Peitsche, um sie zu schlagen.

"The lazy brutes!" Hal yelled, lifting the whip to strike them.

**Doch Mercedes stürzte herein und riss Hal die Peitsche aus der Hand.**

But Mercedes rushed in and seized the whip from Hal's hands.

**„Oh, Hal, wage es ja nicht, ihnen wehzutun", rief sie alarmiert.**

"Oh, Hal, don't you dare hurt them," she cried in alarm.

**„Versprich mir, dass du nett zu ihnen bist, sonst gehe ich keinen Schritt weiter."**

"Promise me you'll be kind to them, or I won't go another step."

**„Du weißt nichts über Hunde", fuhr Hal seine Schwester an.**

"You don't know a thing about dogs," Hal snapped at his sister.

**„Sie sind faul, und die einzige Möglichkeit, sie zu bewegen, besteht darin, sie zu peitschen."**

"They're lazy, and the only way to move them is to whip them."

**„Fragen Sie irgendjemanden – fragen Sie einen dieser Männer dort drüben, wenn Sie mir nicht glauben."**

"Ask anyone—ask one of those men over there if you doubt me."

**Mercedes sah die Zuschauer mit flehenden, tränennassen Augen an.**

Mercedes looked at the onlookers with pleading, tearful eyes.

**Ihr Gesicht zeigte, wie sehr sie den Anblick jeglichen Schmerzes hasste.**

Her face showed how deeply she hated the sight of any pain.

**„Sie sind schwach, das ist alles", sagte ein Mann. „Sie sind erschöpft."**

"They're weak, that's all," one man said. "They're worn out."

**„Sie brauchen Ruhe – sie haben zu lange ohne Pause gearbeitet."**

"They need rest—they've been worked too long without a break."

**„Der Rest sei verflucht", murmelte Hal mit verzogenen Lippen.**

"Rest be cursed," Hal muttered with his lip curled.

**Mercedes schnappte nach Luft, sein grobes Wort schmerzte sie sichtlich.**

Mercedes gasped, clearly pained by the coarse word from him.

**Dennoch blieb sie loyal und verteidigte ihren Bruder sofort.**

Still, she stayed loyal and instantly defended her brother.

**„Kümmere dich nicht um den Mann", sagte sie zu Hal. „Das sind unsere Hunde."**

"Don't mind that man," she said to Hal. "They're our dogs."

**„Fahren Sie sie, wie Sie es für richtig halten – tun Sie, was Sie für richtig halten."**

"You drive them as you see fit—do what you think is right."

**Hal hob die Peitsche und schlug die Hunde erneut gnadenlos.**

Hal raised the whip and struck the dogs again without mercy.

**Sie stürzten sich nach vorne, die Körper tief gebeugt, die Füße in den Schnee gedrückt.**

They lunged forward, bodies low, feet pushing into the snow.

**Sie gaben sich alle Mühe, den Schlitten zu ziehen, aber er bewegte sich nicht.**

All their strength went into the pull, but the sled wasn't moving.

**Der Schlitten blieb wie ein im Schnee festgefrorener Anker stecken.**

The sled stayed stuck, like an anchor frozen into the packed snow.

**Nach einem zweiten Versuch blieben die Hunde wieder stehen und keuchten schwer.**

After a second effort, the dogs stopped again, panting hard.

**Hal hob die Peitsche noch einmal, gerade als Mercedes erneut eingriff.**

Hal raised the whip once more, just as Mercedes interfered again.

**Sie fiel vor Buck auf die Knie und umarmte seinen Hals.**

She dropped to her knees in front of Buck and hugged his neck.

Tränen traten ihr in die Augen, als sie den erschöpften Hund anflehte.

Tears filled her eyes as she pleaded with the exhausted dog.

„Ihr Armen", sagte sie, „warum zieht ihr nicht einfach stärker?"

"You poor dears," she said, "why don't you just pull harder?"

„Wenn du ziehst, wirst du nicht so ausgepeitscht."

"If you pull, then you won't get to be whipped like this."

Buck mochte Mercedes nicht, aber er war zu müde, um ihr jetzt zu widerstehen.

Buck disliked Mercedes, but he was too tired to resist her now.

Er akzeptierte ihre Tränen als einen weiteren Teil dieses elenden Tages.

He accepted her tears as just another part of the miserable day.

Einer der zuschauenden Männer ergriff schließlich das Wort, nachdem er seinen Ärger unterdrückt hatte.

One of the watching men finally spoke after holding back his anger.

„Es ist mir egal, was mit euch passiert, Leute, aber diese Hunde sind wichtig."

"I don't care what happens to you folks, but those dogs matter."

„Wenn du helfen willst, mach den Schlitten los – er ist am Schnee festgefroren."

"If you want to help, break that sled loose—it's frozen to the snow."

„Drücken Sie fest auf die Gee-Stange, rechts und links, und brechen Sie die Eisversiegelung."

"Push hard on the gee-pole, right and left, and break the ice seal."

Ein dritter Versuch wurde unternommen, diesmal auf Vorschlag des Mannes.

A third attempt was made, this time following the man's suggestion.

Hal schaukelte den Schlitten von einer Seite auf die andere und löste so die Kufen.

Hal rocked the sled from side to side, breaking the runners loose.

**Obwohl der Schlitten überladen und unhandlich war, machte er schließlich einen Satz nach vorne.**

The sled, though overloaded and awkward, finally lurched forward.

**Buck und die anderen zogen wild, angetrieben von einem Sturm aus Schleudertraumen.**

Buck and the others pulled wildly, driven by a storm of whiplashes.

**Hundert Meter weiter machte der Weg eine Biegung und führte in die Straße hinein.**

A hundred yards ahead, the trail curved and sloped into the street.

**Um den Schlitten aufrecht zu halten, hätte es eines erfahrenen Fahrers bedurft.**

It was going to have taken a skilled driver to keep the sled upright.

**Hal war nicht geschickt und der Schlitten kippte, als er um die Kurve schwang.**

Hal was not skilled, and the sled tipped as it swung around the bend.

**Lose Zurrgurte gaben nach und die Hälfte der Ladung ergoss sich auf den Schnee.**

Loose lashings gave way, and half the load spilled onto the snow.

**Die Hunde hielten nicht an; der leichtere Schlitten flog auf der Seite weiter.**

The dogs did not stop; the lighter sled flew along on its side.

**Wütend über die Beschimpfungen und die schwere Last rannten die Hunde noch schneller.**

Angry from abuse and the heavy burden, the dogs ran faster.

**Buck rannte wütend los und das Team folgte ihm.**

Buck, in fury, broke into a run, with the team following behind.

**Hal rief „Whoa! Whoa!", aber das Team beachtete ihn nicht.**

Hal shouted "Whoa! Whoa!" but the team paid no attention to him.

**Er stolperte, fiel und wurde am Geschirr über den Boden geschleift.**

He tripped, fell, and was dragged along the ground by the harness.

**Der umgekippte Schlitten wurde über ihn geworfen, als die Hunde weiterrasten.**

The overturned sled bumped over him as the dogs raced on ahead.

**Die restlichen Vorräte verteilten sich über die belebte Straße von Skaguay.**

The rest of the supplies scattered across Skaguay's busy street.

**Gutherzige Menschen eilten herbei, um die Hunde anzuhalten und die Ausrüstung einzusammeln.**

Kind-hearted people rushed to stop the dogs and gather the gear.

**Sie gaben den neuen Reisenden auch direkte und praktische Ratschläge.**

They also gave advice, blunt and practical, to the new travelers.

**„Wenn Sie Dawson erreichen wollen, nehmen Sie die halbe Ladung und die doppelte Anzahl an Hunden mit."**

"If you want to reach Dawson, take half the load and double the dogs."

**Hal, Charles und Mercedes hörten zu, wenn auch nicht mit Begeisterung.**

Hal, Charles, and Mercedes listened, though not with enthusiasm.

**Sie bauten ihr Zelt auf und begannen, ihre Vorräte zu sortieren.**

They pitched their tent and started sorting through their supplies.

**Heraus kamen Konserven, die die Zuschauer laut lachen ließen.**

Out came canned goods, which made onlookers laugh aloud.

„Konserven auf dem Weg? Bevor die schmelzen, verhungern Sie", sagte einer.

"Canned stuff on the trail? You'll starve before that melts," one said.

„Hoteldecken? Die wirfst du am besten alle weg."

"Hotel blankets? You're better off throwing them all out."

„Schmeißen Sie auch das Zelt weg, und hier spült niemand mehr Geschirr."

"Ditch the tent, too, and no one washes dishes here."

„Sie glauben, Sie fahren in einem Pullman-Zug mit Bediensteten an Bord?"

"You think you're riding a Pullman train with servants on board?"

Der Prozess begann – jeder nutzlose Gegenstand wurde beiseite geworfen.

The process began—every useless item was tossed to the side.

Mercedes weinte, als ihre Taschen auf den schneebedeckten Boden geleert wurden.

Mercedes cried when her bags were emptied onto the snowy ground.

Sie schluchzte ohne Pause über jeden einzelnen hinausgeworfenen Gegenstand.

She sobbed over every item thrown out, one by one without pause.

Sie schwor, keinen Schritt weiterzugehen – nicht einmal für zehn Charleses.

She vowed not to go one more step—not even for ten Charleses.

Sie flehte alle Menschen in ihrer Nähe an, ihr ihre wertvollen Sachen zu überlassen.

She begged each person nearby to let her keep her precious things.

Schließlich wischte sie sich die Augen und begann, auch die wichtigsten Kleidungsstücke wegzuwerfen.

At last, she wiped her eyes and began tossing even vital clothes.

**Als sie mit ihrem eigenen fertig war, begann sie, die Vorräte der Männer auszuräumen.**

When done with her own, she began emptying the men's supplies.

**Wie ein Wirbelwind verwüstete sie die Habseligkeiten von Charles und Hal.**

Like a whirlwind, she tore through Charles and Hal's belongings.

**Obwohl die Ladung halbiert wurde, war sie immer noch viel schwerer als nötig.**

Though the load was halved, it was still far heavier than needed.

**In dieser Nacht gingen Charles und Hal los und kauften sechs neue Hunde.**

That night, Charles and Hal went out and bought six new dogs.

**Diese neuen Hunde gesellten sich zu den ursprünglichen sechs, plus Teek und Koona.**

These new dogs joined the original six, plus Teek and Koona.

**Zusammen bildeten sie ein Gespann aus vierzehn Hunden, die vor den Schlitten gespannt wurden.**

Together they made a team of fourteen dogs hitched to the sled.

**Doch die neuen Hunde waren für die Schlittenarbeit ungeeignet und schlecht ausgebildet.**

But the new dogs were unfit and poorly trained for sled work.

**Drei der Hunde waren kurzhaarige Vorstehhunde und einer war ein Neufundländer.**

Three of the dogs were short-haired pointers, and one was a Newfoundland.

**Bei den letzten beiden Hunden handelte es sich um Mischlinge ohne eindeutige Rasse oder Zweckbestimmung.**

The final two dogs were mutts of no clear breed or purpose at all.

**Sie haben den Weg nicht verstanden und ihn nicht schnell gelernt.**

They didn't understand the trail, and they didn't learn it quickly.

**Buck und seine Kameraden beobachteten sie mit Verachtung und tiefer Verärgerung.**

Buck and his mates watched them with scorn and deep irritation.

**Obwohl Buck ihnen beibrachte, was sie nicht tun sollten, konnte er ihnen keine Pflicht beibringen.**

Though Buck taught them what not to do, he could not teach duty.

**Sie kamen mit dem Leben auf dem Wanderpfad und dem Ziehen von Zügeln und Schlitten nicht gut zurecht.**

They didn't take well to trail life or the pull of reins and sleds.

**Nur die Mischlinge versuchten, sich anzupassen, und selbst ihnen fehlte der Kampfgeist.**

Only the mongrels tried to adapt, and even they lacked fighting spirit.

**Die anderen Hunde waren durch ihr neues Leben verwirrt, geschwächt und gebrochen.**

The other dogs were confused, weakened, and broken by their new life.

**Da die neuen Hunde ahnungslos und die alten erschöpft waren, gab es kaum Hoffnung.**

With the new dogs clueless and the old ones exhausted, hope was thin.

**Bucks Team hatte zweitausendfünfhundert Meilen eines rauen Pfades zurückgelegt.**

Buck's team had covered twenty-five hundred miles of harsh trail.

**Dennoch waren die beiden Männer fröhlich und stolz auf ihr großes Hundegespann.**

Still, the two men were cheerful and proud of their large dog team.

**Sie dachten, sie würden mit Stil reisen, mit vierzehn Hunden an der Leine.**

They thought they were traveling in style, with fourteen dogs hitched.

**Sie hatten gesehen, wie Schlitten nach Dawson aufbrachen und andere von dort ankamen.**

They had seen sleds leave for Dawson, and others arrive from it.

**Aber noch nie hatten sie eins gesehen, das von bis zu vierzehn Hunden gezogen wurde.**

But never had they seen one pulled by as many as fourteen dogs.

**Es gab einen Grund, warum solche Teams in der arktischen Wildnis selten waren.**

There was a reason such teams were rare in the Arctic wilderness.

**Kein Schlitten konnte genug Futter transportieren, um vierzehn Hunde für die Reise zu versorgen.**

No sled could carry enough food to feed fourteen dogs for the trip.

**Aber Charles und Hal wussten das nicht – sie hatten nachgerechnet.**

But Charles and Hal didn't know that—they had done the math.

**Sie haben das Futter berechnet: so viel pro Hund, so viele Tage, fertig.**

They penciled out the food: so much per dog, so many days, done.

**Mercedes betrachtete ihre Zahlen und nickte, als ob es Sinn machte.**

Mercedes looked at their figures and nodded as if it made sense.

**Zumindest auf dem Papier erschien ihr alles sehr einfach.**

It all seemed very simple to her, at least on paper.

**Am nächsten Morgen führte Buck das Team langsam die verschneite Straße hinauf.**

The next morning, Buck led the team slowly up the snowy street.

**Weder er noch die Hunde hinter ihm hatten Energie oder Tatendrang.**

There was no energy or spirit in him or the dogs behind him.

**Sie waren von Anfang an todmüde, es waren keine Reserven mehr vorhanden.**

They were dead tired from the start—there was no reserve left.

**Buck hatte bereits vier Fahrten zwischen Salt Water und Dawson unternommen.**

Buck had made four trips between Salt Water and Dawson already.

**Als er nun erneut vor derselben Spur stand, empfand er nichts als Bitterkeit.**

Now, faced with the same trail again, he felt nothing but bitterness.

**Er war nicht mit dem Herzen dabei und die anderen Hunde auch nicht.**

His heart was not in it, nor were the hearts of the other dogs.

**Die neuen Hunde waren schüchtern und den Huskys fehlte jegliches Vertrauen.**

The new dogs were timid, and the huskies lacked all trust.

**Buck spürte, dass er sich auf diese beiden Männer oder ihre Schwester nicht verlassen konnte.**

Buck sensed he could not rely on these two men or their sister.

**Sie wussten nichts und zeigten auf dem Weg keine Anzeichen, etwas zu lernen.**

They knew nothing and showed no signs of learning on the trail.

**Sie waren unorganisiert und es fehlte ihnen jeglicher Sinn für Disziplin.**

They were disorganized and lacked any sense of discipline.

**Sie brauchten jedes Mal die halbe Nacht, um ein schlampiges Lager aufzubauen.**

It took them half the night to set up a sloppy camp each time.

**Und den halben nächsten Morgen verbrachten sie wieder damit, am Schlitten herumzufummeln.**

And half the next morning they spent fumbling with the sled again.

**Gegen Mittag hielten sie oft nur an, um die ungleichmäßige Beladung zu korrigieren.**

By noon, they often stopped just to fix the uneven load.

**An manchen Tagen legten sie insgesamt weniger als sechzehn Kilometer zurück.**

On some days, they traveled less than ten miles in total.

**An anderen Tagen schafften sie es überhaupt nicht, das Lager zu verlassen.**

Other days, they didn't manage to leave camp at all.

**Sie kamen nie auch nur annähernd an die geplante Nahrungsdistanz heran.**

They never came close to covering the planned food-distance.

**Wie erwartet ging das Futter für die Hunde sehr schnell aus.**

As expected, they ran short on food for the dogs very quickly.

**Sie haben die Sache noch schlimmer gemacht, indem sie in den ersten Tagen zu viel gefüttert haben.**

They made matters worse by overfeeding in the early days.

**Mit jeder unvorsichtigen Ration rückte der Hungertod näher.**

This brought starvation closer with every careless ration.

**Die neuen Hunde hatten nicht gelernt, mit sehr wenig zu überleben.**

The new dogs had not learned to survive on very little.

**Sie aßen hungrig, ihr Appetit war zu groß für den Weg.**

They ate hungrily, with appetites too large for the trail.

**Als Hal sah, wie die Hunde schwächer wurden, glaubte er, dass das Futter nicht ausreichte.**

Seeing the dogs weaken, Hal believed the food wasn't enough.

**Er verdoppelte die Rationen und verschlimmerte damit den Fehler noch.**

He doubled the rations, making the mistake even worse.

**Mercedes verschärfte das Problem mit Tränen und leisem Flehen.**

Mercedes added to the problem with tears and soft pleading.

**Als sie Hal nicht überzeugen konnte, fütterte sie die Hunde heimlich.**

When she couldn't convince Hal, she fed the dogs in secret.

**Sie stahl den Fisch aus den Säcken und gab ihn ihnen hinter seinem Rücken.**

She stole from the fish sacks and gave it to them behind his back.

**Doch was die Hunde wirklich brauchten, war nicht mehr Futter, sondern Ruhe.**

But what the dogs truly needed wasn't more food — it was rest.

**Sie kamen nur langsam voran, aber der schwere Schlitten schleppte sich trotzdem weiter.**

They were making poor time, but the heavy sled still dragged on.

**Allein dieses Gewicht zehrte jeden Tag an ihrer verbleibenden Kraft.**

That weight alone drained their remaining strength each day.

**Dann kam es zur Phase der Unterernährung, da die Vorräte zur Neige gingen.**

Then came the stage of underfeeding as the supplies ran low.

**Eines Morgens stellte Hal fest, dass die Hälfte des Hundefutters bereits weg war.**

Hal realized one morning that half the dog food was already gone.

**Sie hatten nur ein Viertel der gesamten Wegstrecke zurückgelegt.**

They had only traveled a quarter of the total trail distance.

**Es konnten keine Lebensmittel mehr gekauft werden, egal zu welchem Preis.**

No more food could be bought, no matter what price was offered.

**Er reduzierte die Portionen der Hunde unter die normale Tagesration.**

He reduced the dogs' portions below the standard daily ration.

**Gleichzeitig forderte er längere Reisemöglichkeiten, um die Verluste auszugleichen.**

At the same time, he demanded longer travel to make up for loss.

**Mercedes und Charles unterstützten diesen Plan, scheiterten jedoch bei der Umsetzung.**

Mercedes and Charles supported this plan, but failed in execution.

**Ihr schwerer Schlitten und ihre mangelnden Fähigkeiten machten ein Vorankommen nahezu unmöglich.**

Their heavy sled and lack of skill made progress nearly impossible.

**Es war einfach, weniger Futter zu geben, aber unmöglich, mehr Anstrengung zu erzwingen.**

It was easy to give less food, but impossible to force more effort.

**Sie konnten weder früher anfangen, noch konnten sie Überstunden machen.**

They couldn't start early, nor could they travel for extra hours.

**Sie wussten nicht, wie sie mit den Hunden und überhaupt mit sich selbst arbeiten sollten.**

They didn't know how to work the dogs, nor themselves, for that matter.

**Der erste Hund, der starb, war Dub, der unglückliche, aber fleißige Dieb.**

The first dog to die was Dub, the unlucky but hardworking thief.

**Obwohl Dub oft bestraft wurde, leistete er ohne zu klagen seinen Beitrag.**

Though often punished, Dub had pulled his weight without complaint.

**Seine Schulterverletzung verschlimmerte sich ohne Pflege und nötige Ruhe.**

His injured shoulder grew worse without care or needed rest.

**Schließlich beendete Hal mit dem Revolver Dubs Leiden.**

Finally, Hal used the revolver to end Dub's suffering.

**Ein gängiges Sprichwort besagt, dass normale Hunde an der Husky-Ration sterben.**

A common saying claimed that normal dogs die on husky rations.

**Bucks sechs neue Gefährten bekamen nur die Hälfte des Futteranteils des Huskys.**

Buck's six new companions had only half the husky's share of food.

**Zuerst starb der Neufundländer, dann die drei kurzhaarigen Vorstehhunde.**

The Newfoundland died first, then the three short-haired pointers.

**Die beiden Mischlinge hielten länger durch, kamen aber schließlich wie die anderen um.**

The two mongrels held on longer but finally perished like the rest.

**Zu diesem Zeitpunkt waren alle Annehmlichkeiten und die Sanftheit des Südens verschwunden.**

By this time, all the amenities and gentleness of the Southland were gone.

**Die drei Menschen hatten die letzten Spuren ihrer zivilisierten Erziehung abgelegt.**

The three people had shed the last traces of their civilized upbringing.

**Ohne Glamour und Romantik wurde das Reisen in die Arktis zur brutalen Realität.**

Stripped of glamour and romance, Arctic travel became brutally real.

**Es war eine Realität, die zu hart für ihr Männlichkeits- und Weiblichkeitsgefühl war.**

It was a reality too harsh for their sense of manhood and womanhood.

**Mercedes weinte nicht mehr um die Hunde, sondern nur noch um sich selbst.**

Mercedes no longer wept for the dogs, but now wept only for herself.

**Sie verbrachte ihre Zeit damit, zu weinen und mit Hal und Charles zu streiten.**

She spent her time crying and quarreling with Hal and Charles.

**Streiten war das Einzige, wozu sie nie zu müde waren.**

Quarreling was the one thing they were never too tired to do.

Ihre Gereiztheit rührte vom Elend her, wuchs mit ihm und übertraf es.

Their irritability came from misery, grew with it, and surpassed it.

Die Geduld des Weges, die diejenigen kennen, die sich abmühen und freundlich leiden, kam nie.

The patience of the trail, known to those who toil and suffer kindly, never came.

Diese Geduld, die die Sprache trotz Schmerzen süß hält, war ihnen unbekannt.

That patience, which keeps speech sweet through pain, was unknown to them.

Sie besaßen nicht die geringste Spur von Geduld und schöpften keine Kraft aus dem anmutigen Leiden.

They had no hint of patience, no strength drawn from suffering with grace.

Sie waren steif vor Schmerz – ihre Muskeln, Knochen und ihr Herz schmerzten.

They were stiff with pain—aching in their muscles, bones, and hearts.

Aus diesem Grund bekamen sie eine scharfe Zunge und waren schnell im Umgang mit harten Worten.

Because of this, they grew sharp of tongue and quick with harsh words.

Jeder Tag begann und endete mit wütenden Stimmen und bitteren Klagen.

Each day began and ended with angry voices and bitter complaints.

Charles und Hal stritten sich, wann immer Mercedes ihnen eine Chance gab.

Charles and Hal wrangled whenever Mercedes gave them a chance.

Jeder Mann glaubte, dass er mehr als seinen gerechten Anteil an der Arbeit geleistet hatte.

Each man believed he did more than his fair share of the work.

Keiner von beiden ließ es sich je entgehen, dies immer wieder zu sagen.

Neither ever missed a chance to say so, again and again.

**Manchmal stand Mercedes auf der Seite von Charles, manchmal auf der Seite von Hal.**

Sometimes Mercedes sided with Charles, sometimes with Hal.

**Dies führte zu einem großen und endlosen Streit zwischen den dreien.**

This led to a grand and endless quarrel among the three.

**Ein Streit darüber, wer Brennholz hacken sollte, geriet außer Kontrolle.**

A dispute over who should chop firewood grew out of control.

**Bald wurden Väter, Mütter, Cousins und verstorbene Verwandte genannt.**

Soon, fathers, mothers, cousins, and dead relatives were named.

**Hal's Ansichten über Kunst oder die Theaterstücke seines Onkels wurden Teil des Kampfes.**

Hal's views on art or his uncle's plays became part of the fight.

**Auch Charles' politische Überzeugungen wurden in die Debatte einbezogen.**

Charles's political beliefs also entered the debate.

**Für Mercedes schienen sogar die Gerüchte über die Schwester ihres Mannes relevant zu sein.**

To Mercedes, even her husband's sister's gossip seemed relevant.

**Sie äußerte ihre Meinung dazu und zu vielen Fehlern in Charles' Familie.**

She aired opinions on that and on many of Charles's family's flaws.

**Während sie stritten, blieb das Feuer aus und das Lager war halb fertig.**

While they argued, the fire stayed unlit and camp half set.

**In der Zwischenzeit waren die Hunde unterkühlt und hatten nichts zu fressen.**

Meanwhile, the dogs remained cold and without any food.

**Mercedes hegte einen Groll, den sie als zutiefst persönlich betrachtete.**

Mercedes held a grievance she considered deeply personal.

**Sie fühlte sich als Frau misshandelt und fühlte sich ihrer Privilegien beraubt.**

She felt mistreated as a woman, denied her gentle privileges.

**Sie war hübsch und sanft und pflegte ihr ganzes Leben lang ritterliche Gesten.**

She was pretty and soft, and used to chivalry all her life.

**Doch ihr Mann und ihr Bruder begegneten ihr nun mit Ungeduld.**

But her husband and brother now treated her with impatience.

**Sie hatte die Angewohnheit, sich hilflos zu verhalten, und sie begannen, sich zu beschweren.**

Her habit was to act helpless, and they began to complain.

**Sie war davon beleidigt und machte ihnen das Leben noch schwerer.**

Offended by this, she made their lives all the more difficult.

**Sie ignorierte die Hunde und bestand darauf, den Schlitten selbst zu fahren.**

She ignored the dogs and insisted on riding the sled herself.

**Obwohl sie von leichter Gestalt war, wog sie fünfundvierzig Kilo.**

Though light in looks, she weighed one hundred twenty pounds.

**Diese zusätzliche Belastung war zu viel für die hungernden, schwachen Hunde.**

That added burden was too much for the starving, weak dogs.

**Trotzdem ritt sie tagelang, bis die Hunde in den Zügeln zusammenbrachen.**

Still, she rode for days, until the dogs collapsed in the reins.

**Der Schlitten stand still und Charles und Hal baten sie, zu laufen.**

The sled stood still, and Charles and Hal begged her to walk.

**Sie flehten und flehten, aber sie weinte und nannte sie grausam.**

They pleaded and entreated, but she wept and called them cruel.

**Einmal zogen sie sie mit purer Kraft und Wut vom Schlitten.**

On one occasion, they pulled her off the sled with sheer force and anger.

**Nach dem, was damals passiert ist, haben sie es nie wieder versucht.**

They never tried again after what happened that time.

**Sie wurde schlaff wie ein verwöhntes Kind und setzte sich in den Schnee.**

She went limp like a spoiled child and sat in the snow.

**Sie gingen weiter, aber sie weigerte sich aufzustehen oder ihnen zu folgen.**

They moved on, but she refused to rise or follow behind.

**Nach drei Meilen hielten sie an, kehrten um und trugen sie zurück.**

After three miles, they stopped, returned, and carried her back.

**Sie luden sie wieder auf den Schlitten, wobei sie erneut rohe Gewalt anwandten.**

They reloaded her onto the sled, again using brute strength.

**In ihrem tiefen Elend zeigten sie gegenüber dem Leid der Hunde keine Skrupel.**

In their deep misery, they were callous to the dogs' suffering.

**Hal glaubte, man müsse sich abhärten und zwang anderen diesen Glauben auf.**

Hal believed one must get hardened and forced that belief on others.

**Er versuchte zunächst, seiner Schwester seine Philosophie zu predigen**

He first tried to preach his philosophy to his sister

**und dann predigte er erfolglos seinem Schwager.**

and then, without success, he preached to his brother-in-law.

**Bei den Hunden hatte er mehr Erfolg, aber nur, weil er ihnen weh tat.**

He had more success with the dogs, but only because he hurt them.

**Bei Five Fingers ist das Hundefutter komplett ausgegangen.**

At Five Fingers, the dog food ran out of food completely.

**Eine zahnlose alte Squaw verkaufte ein paar Pfund gefrorenes Pferdeleder**

A toothless old squaw sold a few pounds of frozen horse-hide

**Hal tauschte seinen Revolver gegen das getrocknete Pferdefell.**

Hal traded his revolver for the dried horse-hide.

**Das Fleisch stammte von den Pferden der Viehzüchter, die Monate zuvor verhungert waren.**

The meat had come from starved horses of cattlemen months before.

**Gefroren war die Haut wie verzinktes Eisen: zäh und ungenießbar.**

Frozen, the hide was like galvanized iron; tough and inedible.

**Die Hunde mussten endlos auf dem Fell herumkauen, um es zu fressen.**

The dogs had to chew endlessly at the hide to eat it.

**Doch die ledrigen Fäden und das kurze Haar waren kaum Nahrung.**

But the leathery strings and short hair were hardly nourishment.

**Das Fell war größtenteils irritierend und kein echtes Nahrungsmittel.**

Most of the hide was irritating, and not food in any true sense.

**Und während all dem taumelte Buck vorne herum, wie in einem Albtraum.**

And through it all, Buck staggered at the front, like in a nightmare.

**Er zog, wenn er dazu in der Lage war; wenn nicht, blieb er liegen, bis er mit einer Peitsche oder einem Knüppel hochgehoben wurde.**

He pulled when able; when not, he lay until whip or club raised him.

**Sein feines, glänzendes Fell hatte jegliche Steifheit und jeglichen Glanz verloren, den es einst hatte.**

His fine, glossy coat had lost all stiffness and sheen it once had.

Sein Haar hing schlaff herunter, war zerzaust und mit getrocknetem Blut von den Schlägen verklebt.
His hair hung limp, draggled, and clotted with dried blood from the blows.
Seine Muskeln schrumpften zu Sehnen und seine Fleischpolster waren völlig abgenutzt.
His muscles shrank to cords, and his flesh pads were all worn away.
Jede Rippe, jeder Knochen war deutlich durch die Falten der runzligen Haut zu sehen.
Each rib, each bone showed clearly through folds of wrinkled skin.
Es war herzzerreißend, doch Bucks Herz konnte nicht brechen.
It was heartbreaking, yet Buck's heart could not break.
Der Mann im roten Pullover hatte das getestet und vor langer Zeit bewiesen.
The man in the red sweater had tested that and proved it long ago.
So wie es bei Buck war, war es auch bei allen seinen übrigen Teamkollegen.
As it was with Buck, so it was with all his remaining teammates.
Insgesamt waren es sieben, jeder einzelne ein wandelndes Skelett des Elends.
There were seven in total, each one a walking skeleton of misery.
Sie waren gegenüber den Peitschenhieben taub geworden und spürten nur noch entfernten Schmerz.
They had grown numb to lash, feeling only distant pain.
Sogar Bild und Ton erreichten sie nur schwach, wie durch dichten Nebel.
Even sight and sound reached them faintly, as through a thick fog.
Sie waren nicht halb lebendig – es waren Knochen mit schwachen Funken darin.

They were not half alive—they were bones with dim sparks inside.

**Als sie angehalten wurden, brachen sie wie Leichen zusammen, ihre Funken waren fast erloschen.**

When stopped, they collapsed like corpses, their sparks almost gone.

**Und als die Peitsche oder der Knüppel erneut zuschlug, sprühten schwache Funken.**

And when the whip or club struck again, the sparks fluttered weakly.

**Dann erhoben sie sich, taumelten vorwärts und schleiften ihre Gliedmaßen vor sich her.**

Then they rose, staggered forward, and dragged their limbs ahead.

**Eines Tages stürzte der nette Billee und konnte überhaupt nicht mehr aufstehen.**

One day kind Billee fell and could no longer rise at all.

**Hal hatte seinen Revolver eingetauscht und benutzte stattdessen eine Axt, um Billee zu töten.**

Hal had traded his revolver, so he used an axe to kill Billee instead.

**Er schlug ihm auf den Kopf, schnitt dann seinen Körper los und schleifte ihn weg.**

He struck him on the head, then cut his body free and dragged it away.

**Buck sah dies und die anderen auch; sie wussten, dass der Tod nahe war.**

Buck saw this, and so did the others; they knew death was near.

**Am nächsten Tag ging Koona und ließ nur fünf Hunde im hungernden Team zurück.**

Next day Koona went, leaving just five dogs in the starving team.

**Joe war nicht länger gemein, sondern zu weit weg, um überhaupt noch viel mitzubekommen.**

Joe, no longer mean, was too far gone to be aware of much at all.

**Pike täuschte seine Verletzung nicht länger vor und war kaum bei Bewusstsein.**

Pike, no longer faking his injury, was barely conscious.

**Solleks, der immer noch treu war, beklagte, dass er nicht mehr die Kraft hatte, etwas zu geben.**

Solleks, still faithful, mourned he had no strength to give.

**Teek wurde am häufigsten geschlagen, weil er frischer war, aber schnell nachließ.**

Teek was beaten most because he was fresher, but fading fast.

**Und Buck, der immer noch in Führung lag, sorgte nicht länger für Ordnung und setzte sie auch nicht durch.**

And Buck, still in the lead, no longer kept order or enforced it.

**Halb blind vor Schwäche folgte Buck der Spur nur nach Gefühl.**

Half blind with weakness, Buck followed the trail by feel alone.

**Es war schönes Frühlingswetter, aber keiner von ihnen bemerkte es.**

It was beautiful spring weather, but none of them noticed it.

**Jeden Tag ging die Sonne früher auf und später unter als zuvor.**

Each day the sun rose earlier and set later than before.

**Um drei Uhr morgens dämmerte es, die Dämmerung dauerte bis neun Uhr.**

By three in the morning, dawn had come; twilight lasted till nine.

**Die langen Tage waren erfüllt von der vollen Strahlkraft des Frühlingssonnenscheins.**

The long days were filled with the full blaze of spring sunshine.

**Die gespenstische Stille des Winters hatte sich in ein warmes Murmeln verwandelt.**

The ghostly silence of winter had changed into a warm murmur.

**Das ganze Land erwachte und war erfüllt von der Freude am Leben.**

All the land was waking, alive with the joy of living things.

Das Geräusch kam von etwas, das den Winter über tot und reglos dagelegen hatte.

The sound came from what had lain dead and still through winter.

Jetzt bewegten sich diese Dinger wieder und schüttelten den langen Frostschlaf ab.

Now, those things moved again, shaking off the long frost sleep.

Saft stieg durch die dunklen Stämme der wartenden Kiefern.

Sap was rising through the dark trunks of the waiting pine trees.

An jedem Zweig von Weiden und Espen treiben leuchtende junge Knospen aus.

Willows and aspens burst out bright young buds on each twig.

Sträucher und Weinreben erstrahlten in frischem Grün, als der Wald zum Leben erwachte.

Shrubs and vines put on fresh green as the woods came alive.

Nachts zirpten Grillen und in der Sonne krabbelten Käfer.

Crickets chirped at night, and bugs crawled in daylight sun.

Rebhühner dröhnten und Spechte klopften tief in den Bäumen.

Partridges boomed, and woodpeckers knocked deep in the trees.

Eichhörnchen schnatterten, Vögel sangen und Gänse schnatterten über den Hunden.

Squirrels chattered, birds sang, and geese honked over the dogs.

Das Wildgeflügel kam in scharfen Keilen und flog aus dem Süden heran.

The wild-fowl came in sharp wedges, flying up from the south.

Von jedem Hügel ertönte die Musik verborgener, rauschender Bäche.

From every hillside came the music of hidden, rushing streams.

**Alles taute auf, brach, bog sich und geriet wieder in Bewegung.**

All things thawed and snapped, bent and burst back into motion.

**Der Yukon bemühte sich, die Kälteketten des gefrorenen Eises zu durchbrechen.**

The Yukon strained to break the cold chains of frozen ice.

**Das Eis schmolz von unten, während die Sonne es von oben zum Schmelzen brachte.**

The ice melted underneath, while the sun melted it from above.

**Luftlöcher öffneten sich, Risse breiteten sich aus und Brocken fielen in den Fluss.**

Air-holes opened, cracks spread, and chunks fell into the river.

**Inmitten dieses pulsierenden und lodernden Lebens taumelten die Reisenden.**

Amid all this bursting and blazing life, the travelers staggered.

**Zwei Männer, eine Frau und ein Rudel Huskys liefen wie die Toten.**

Two men, a woman, and a pack of huskies walked like the dead.

**Die Hunde fielen, Mercedes weinte, fuhr aber immer noch Schlitten.**

The dogs were falling, Mercedes wept, but still rode the sled.

**Hal fluchte schwach und Charles blinzelte mit tränenden Augen.**

Hal cursed weakly, and Charles blinked through watering eyes.

**Sie stolperten in John Thorntons Lager an der Mündung des White River.**

They stumbled into John Thornton's camp by White River's mouth.

**Als sie anhielten, fielen die Hunde flach um, als wären sie alle tot.**

When they stopped, the dogs dropped flat, as if all struck dead.

**Mercedes wischte sich die Tränen ab und sah zu John Thornton hinüber.**

Mercedes wiped her tears and looked across at John Thornton.

**Charles saß langsam und steif auf einem Baumstamm, mit Schmerzen vom Weg.**

Charles sat on a log, slowly and stiffly, aching from the trail.

**Hal redete, während Thornton das Ende eines Axtstiels schnitzte.**

Hal did the talking as Thornton carved the end of an axe-handle.

**Er schnitzte Birkenholz und antwortete mit kurzen, bestimmten Antworten.**

He whittled birch wood and answered with brief, firm replies.

**Wenn man ihn fragte, gab er Ratschläge, war sich jedoch sicher, dass diese nicht befolgt würden.**

When asked, he gave advice, certain it wasn't going to be followed.

**Hal erklärte: „Sie sagten uns, dass das Eis auf dem Weg schmelzen würde."**

Hal explained, "They told us the trail ice was dropping out."

**„Sie sagten, wir sollten bleiben, wo wir waren – aber wir haben es bis nach White River geschafft."**

"They said we should stay put—but we made it to White River."

**Er schloss mit höhnischem Ton, als wolle er einen Sieg in der Not für sich beanspruchen.**

He ended with a sneering tone, as if to claim victory in hardship.

**„Und sie haben dir die Wahrheit gesagt", antwortete John Thornton Hal ruhig.**

"And they told you true," John Thornton answered Hal quietly.

**„Das Eis kann jeden Moment nachgeben – es ist kurz davor, abzufallen."**

"The ice may give way at any moment—it's ready to drop out."

„Nur durch blindes Glück und ein paar Narren wäre es möglich gewesen, lebend so weit zu kommen."

"Only blind luck and fools could have made it this far alive."

„Ich sage es Ihnen ganz offen: Ich würde mein Leben nicht für alles Gold Alaskas riskieren."

"I tell you straight, I wouldn't risk my life for all Alaska's gold."

„Das liegt wohl daran, dass Sie kein Narr sind", antwortete Hal.

"That's because you're not a fool, I suppose," Hal answered.

„Trotzdem fahren wir weiter nach Dawson." Er rollte seine Peitsche ab.

"All the same, we'll go on to Dawson." He uncoiled his whip.

„Komm rauf, Buck! Hallo! Steh auf! Los!", rief er barsch.

"Get up there, Buck! Hi! Get up! Go on!" he shouted harshly.

Thornton schnitzte weiter, wohl wissend, dass Narren nicht auf Vernunft hören.

Thornton kept whittling, knowing fools won't hear reason.

Einen Narren aufzuhalten war sinnlos – und zwei oder drei Narren änderten nichts.

To stop a fool was futile—and two or three fooled changed nothing.

Doch als das Team Hal's Befehl hörte, bewegte es sich nicht.

But the team didn't move at the sound of Hal's command.

Jetzt konnten sie nur noch durch Schläge wieder auf die Beine kommen und weiterkommen.

By now, only blows could make them rise and pull forward.

Immer wieder knallte die Peitsche über die geschwächten Hunde.

The whip snapped again and again across the weakened dogs.

John Thornton presste die Lippen fest zusammen und sah schweigend zu.

John Thornton pressed his lips tightly and watched in silence.

Solleks war der Erste, der unter der Peitsche auf die Beine kam.

Solleks was the first to crawl to his feet under the lash.

Dann folgte Teek zitternd. Joe schrie auf, als er stolperte.

Then Teek followed, trembling. Joe yelped as he stumbled up.

**Pike versuchte aufzustehen, scheiterte zweimal und stand schließlich unsicher da.**

Pike tried to rise, failed twice, then finally stood unsteadily.

**Aber Buck blieb liegen, wo er hingefallen war, und bewegte sich dieses Mal überhaupt nicht.**

But Buck lay where he had fallen, not moving at all this time.

**Die Peitsche schlug immer wieder auf ihn ein, aber er gab keinen Laut von sich.**

The whip slashed him over and over, but he made no sound.

**Er zuckte nicht zusammen und wehrte sich nicht, sondern blieb einfach still und ruhig.**

He did not flinch or resist, simply remained still and quiet.

**Thornton rührte sich mehr als einmal, als wolle er etwas sagen, tat es aber nicht.**

Thornton stirred more than once, as if to speak, but didn't.

**Seine Augen wurden feucht und immer noch knallte die Peitsche gegen Buck.**

His eyes grew wet, and still the whip cracked against Buck.

**Schließlich begann Thornton langsam auf und ab zu gehen, unsicher, was er tun sollte.**

At last, Thornton began pacing slowly, unsure of what to do.

**Es war das erste Mal, dass Buck versagt hatte, und Hal wurde wütend.**

It was the first time Buck had failed, and Hal grew furious.

**Er warf die Peitsche weg und nahm stattdessen die schwere Keule.**

He threw down the whip and picked up the heavy club instead.

**Der Holzknüppel schlug hart auf, aber Buck stand immer noch nicht auf, um sich zu bewegen.**

The wooden club came down hard, but Buck still did not rise to move.

**Wie seine Teamkollegen war er zu schwach – aber mehr als das.**

Like his teammates, he was too weak—but more than that.

**Buck hatte beschlossen, sich nicht zu bewegen, egal was als Nächstes passieren würde.**

Buck had decided not to move, no matter what came next.

**Er spürte, wie etwas Dunkles und Bestimmtes direkt vor ihm schwebte.**

He felt something dark and certain hovering just ahead.

**Diese Angst hatte ihn ergriffen, sobald er das Flussufer erreicht hatte.**

That dread had seized him as soon as he reached the riverbank.

**Dieses Gefühl hatte ihn nicht verlassen, seit er das Eis unter seinen Pfoten dünner werden fühlte.**

The feeling had not left him since he felt the ice thin under his paws.

**Etwas Schreckliches wartete – er spürte es gleich weiter unten auf dem Weg.**

Something terrible was waiting—he felt it just down the trail.

**Er würde nicht auf das Schreckliche vor ihm zugehen**

He wasn't going to walk towards that terrible thing ahead

**Er würde keinem Befehl gehorchen, der ihn zu diesem Ding führte.**

He was not going to obey any command that took him to that thing.

**Der Schmerz der Schläge war für ihn kaum noch spürbar, er war zu weit weg.**

The pain of the blows hardly touched him now—he was too far gone.

**Der Funke des Lebens flackerte schwach und erlosch unter jedem grausamen Schlag.**

The spark of life flickered low, dimmed beneath each cruel strike.

**Seine Glieder fühlten sich fremd an, sein ganzer Körper schien einem anderen zu gehören.**

His limbs felt distant; his whole body seemed to belong to another.

**Er spürte eine seltsame Taubheit, als der Schmerz vollständig nachließ.**

He felt a strange numbness as the pain faded out completely.

**Aus der Ferne spürte er, dass er geschlagen wurde, aber er wusste es kaum.**

From far away, he sensed he was being beaten, but barely knew.

**Er konnte die Schläge schwach hören, aber sie taten nicht mehr wirklich weh.**

He could hear the thuds faintly, but they no longer truly hurt.

**Die Schläge trafen, aber sein Körper schien nicht mehr sein eigener zu sein.**

The blows landed, but his body no longer seemed like his own.

**Dann stieß John Thornton plötzlich und ohne Vorwarnung einen wilden Schrei aus.**

Then suddenly, without warning, John Thornton gave a wild cry.

**Es war unartikuliert, eher der Schrei eines Tieres als eines Menschen.**

It was inarticulate, more the cry of a beast than of a man.

**Er sprang mit der Keule auf den Mann zu und stieß Hal nach hinten.**

He leapt at the man with the club and knocked Hal backward.

**Hal flog, als wäre er von einem Baum getroffen worden, und landete hart auf dem Boden.**

Hal flew as if struck by a tree, landing hard upon the ground.

**Mercedes schrie laut vor Panik und umklammerte ihr Gesicht.**

Mercedes screamed aloud in panic and clutched at her face.

**Charles sah nur zu, wischte sich die Augen und blieb sitzen.**

Charles only looked on, wiped his eyes, and stayed seated.

**Sein Körper war vor Schmerzen zu steif, um aufzustehen oder beim Kampf mitzuhelfen.**

His body was too stiff with pain to rise or help in the fight.

**Thornton stand über Buck, zitterte vor Wut und konnte nicht sprechen.**

Thornton stood over Buck, trembling with fury, unable to speak.

**Er zitterte vor Wut und kämpfte darum, trotz allem seine Stimme wiederzufinden.**

He shook with rage and fought to find his voice through it.

**„Wenn du den Hund noch einmal schlägst, bringe ich dich um", sagte er schließlich.**

"If you strike that dog again, I'll kill you," he finally said.

**Hal wischte sich das Blut aus dem Mund und kam wieder nach vorne.**

Hal wiped blood from his mouth and came forward again.

**„Es ist mein Hund", murmelte er. „Geh mir aus dem Weg, sonst kriege ich dich wieder in Ordnung."**

"It's my dog," he muttered. "Get out of the way, or I'll fix you."

**„Ich gehe nach Dawson und Sie halten mich nicht auf", fügte er hinzu.**

"I'm going to Dawson, and you're not stopping me," he added.

**Thornton stand fest zwischen Buck und dem wütenden jungen Mann.**

Thornton stood firm between Buck and the angry young man.

**Er hatte nicht die Absicht, zur Seite zu treten oder Hal vorbeizulassen.**

He had no intention of stepping aside or letting Hal pass.

**Hal zog sein Jagdmesser heraus, das lang und gefährlich in der Hand lag.**

Hal pulled out his hunting knife, long and dangerous in hand.

**Mercedes schrie, dann weinte sie und lachte dann in wilder Hysterie.**

Mercedes screamed, then cried, then laughed in wild hysteria.

**Thornton schlug mit dem Axtstiel hart und schnell auf Hals Hand.**

Thornton struck Hal's hand with his axe-handle, hard and fast.

**Das Messer wurde aus Hals Griff gerissen und flog zu Boden.**

The knife was knocked loose from Hal's grip and flew to the ground.

**Hal versuchte, das Messer aufzuheben, und Thornton klopfte erneut auf seine Fingerknöchel.**

Hal tried to pick the knife up, and Thornton rapped his knuckles again.

**Dann bückte sich Thornton, griff nach dem Messer und hielt es fest.**

Then Thornton stooped down, grabbed the knife, and held it.

**Mit zwei schnellen Hieben des Axtstiels zerschnitt er Bucks Zügel.**

With two quick chops of the axe-handle, he cut Buck's reins.

**Hal hatte keine Kraft mehr, sich zu wehren, und trat von dem Hund zurück.**

Hal had no fight left in him and stepped back from the dog.

**Außerdem brauchte Mercedes jetzt beide Arme, um aufrecht zu bleiben.**

Besides, Mercedes needed both arms now to keep her upright.

**Buck war dem Tod zu nahe, um noch einmal einen Schlitten ziehen zu können.**

Buck was too near death to be of use for pulling a sled again.

**Ein paar Minuten später legten sie ab und fuhren flussabwärts.**

A few minutes later, they pulled out, heading down the river.

**Buck hob schwach den Kopf und sah ihnen nach, wie sie die Bank verließen.**

Buck raised his head weakly and watched them leave the bank.

**Pike führte das Team an, mit Solleks am Ende des Feldes.**

Pike led the team, with Solleks at the rear in the wheel spot.

**Joe und Teek gingen dazwischen, beide humpelten vor Erschöpfung.**

Joe and Teek walked between, both limping with exhaustion.

**Mercedes saß auf dem Schlitten und Hal hielt die lange Lenkstange fest.**

Mercedes sat on the sled, and Hal gripped the long gee-pole.

**Charles stolperte hinterher, seine Schritte waren unbeholfen und unsicher.**

Charles stumbled behind, his steps clumsy and uncertain.

**Thornton kniete neben Buck und tastete vorsichtig nach gebrochenen Knochen.**

Thornton knelt by Buck and gently felt for broken bones.

**Seine Hände waren rau, bewegten sich aber mit Freundlichkeit und Sorgfalt.**

His hands were rough but moved with kindness and care.

**Bucks Körper wies Blutergüsse auf, wies jedoch keine bleibenden Verletzungen auf.**

Buck's body was bruised but showed no lasting injury.

**Zurück blieben schrecklicher Hunger und nahezu völlige Schwäche.**

What remained was terrible hunger and near-total weakness.

**Als dies klar wurde, war der Schlitten bereits weit flussabwärts gefahren.**

By the time this was clear, the sled had gone far downriver.

**Mann und Hund sahen zu, wie der Schlitten langsam über das knackende Eis kroch.**

Man and dog watched the sled slowly crawl over the cracking ice.

**Dann sahen sie, wie der Schlitten in eine Mulde sank.**

Then, they saw the sled sink down into a hollow.

**Die Gee-Stange flog in die Höhe, und Hal klammerte sich immer noch vergeblich daran fest.**

The gee-pole flew up, with Hal still clinging to it in vain.

**Mercedes' Schrei erreichte sie über die kalte Ferne.**

Mercedes's scream reached them across the cold distance.

**Charles drehte sich um und trat zurück – aber er war zu spät.**

Charles turned and stepped back—but he was too late.

**Eine ganze Eisdecke brach nach und sie alle fielen hindurch.**

A whole ice sheet gave way, and they all dropped through.

**Hunde, Schlitten und Menschen verschwanden im schwarzen Wasser darunter.**

Dogs, sled, and people vanished into the black water below.

**An der Stelle, an der sie vorbeigekommen waren, war nur ein breites Loch im Eis zurückgeblieben.**

Only a wide hole in the ice was left where they had passed.

Der Boden des Pfades war nach unten abgesunken – genau wie Thornton gewarnt hatte.

The trail's bottom had dropped out—just as Thornton warned.

Thornton und Buck sahen sich einen Moment lang schweigend an.

Thornton and Buck looked at one another, silent for a moment.

„Du armer Teufel", sagte Thornton leise und Buck leckte ihm die Hand.

"You poor devil," said Thornton softly, and Buck licked his hand.

## Aus Liebe zu einem Mann
For the Love of a Man

**John Thornton erfror in der Kälte des vergangenen Dezembers seine Füße.**
John Thornton froze his feet in the cold of the previous December.

**Seine Partner machten es ihm bequem und ließen ihn allein genesen.**
His partners made him comfortable and left him to recover alone.

**Sie fuhren den Fluss hinauf, um ein Floß mit Sägestämmen für Dawson zu holen.**
They went up the river to gather a raft of saw-logs for Dawson.

**Er humpelte noch leicht, als er Buck vor dem Tod rettete.**
He was still limping slightly when he rescued Buck from death.

**Aber bei anhaltend warmem Wetter verschwand sogar dieses Hinken.**
But with warm weather continuing, even that limp disappeared.

**Buck ruhte sich an langen Frühlingstagen am Flussufer aus.**
Lying by the riverbank during long spring days, Buck rested.

**Er beobachtete das fließende Wasser und lauschte den Vögeln und Insekten.**
He watched the flowing water and listened to birds and insects.

**Langsam erlangte Buck unter Sonne und Himmel seine Kraft zurück.**
Slowly, Buck regained his strength under the sun and sky.

**Nach einer Reise von dreitausend Meilen war eine Pause ein wunderbares Gefühl.**
A rest felt wonderful after traveling three thousand miles.

**Buck wurde träge, als seine Wunden heilten und sein Körper an Gewicht zunahm.**

Buck became lazy as his wounds healed and his body filled out.

**Seine Muskeln wurden fester und das Fleisch bedeckte wieder seine Knochen.**

His muscles grew firm, and flesh returned to cover his bones.

**Sie ruhten sich alle aus – Buck, Thornton, Skeet und Nig.**

They were all resting—Buck, Thornton, Skeet, and Nig.

**Sie warteten auf das Floß, das sie nach Dawson bringen sollte.**

They waited for the raft that was going to carry them down to Dawson.

**Skeet war ein kleiner Irish Setter, der sich mit Buck anfreundete.**

Skeet was a small Irish setter who made friends with Buck.

**Buck war zu schwach und krank, um ihr bei ihrem ersten Treffen Widerstand zu leisten.**

Buck was too weak and ill to resist her at their first meeting.

**Skeet hatte die Heilereigenschaft, die manche Hunde von Natur aus besitzen.**

Skeet had the healer trait that some dogs naturally possess.

**Wie eine Katzenmutter leckte und reinigte sie Bucks offene Wunden.**

Like a mother cat, she licked and cleaned Buck's raw wounds.

**Jeden Morgen nach dem Frühstück wiederholte sie ihre sorgfältige Arbeit.**

Every morning after breakfast, she repeated her careful work.

**Buck erwartete ihre Hilfe ebenso sehr wie die von Thornton.**

Buck came to expect her help as much as he did Thornton's.

**Nig war auch freundlich, aber weniger offen und weniger liebevoll.**

Nig was friendly too, but less open and less affectionate.

**Nig war ein großer schwarzer Hund, halb Bluthund, halb Hirschhund.**

Nig was a big black dog, part bloodhound and part deerhound.

**Er hatte lachende Augen und eine unendlich gute Seele.**

He had laughing eyes and endless good nature in his spirit.

**Zu Bucks Überraschung zeigte keiner der Hunde Eifersucht ihm gegenüber.**

To Buck's surprise, neither dog showed jealousy toward him.

**Sowohl Skeet als auch Nig erfuhren die Freundlichkeit von John Thornton.**

Both Skeet and Nig shared the kindness of John Thornton.

**Als Buck stärker wurde, verleiteten sie ihn zu albernen Hundespielen.**

As Buck got stronger, they lured him into foolish dog games.

**Auch Thornton spielte oft mit ihnen und konnte ihrer Freude nicht widerstehen.**

Thornton often played with them too, unable to resist their joy.

**Auf diese spielerische Weise gelang Buck der Übergang von der Krankheit in ein neues Leben.**

In this playful way, Buck moved from illness to a new life.

**Endlich hatte er Liebe gefunden – wahre, brennende und leidenschaftliche Liebe.**

Love—true, burning, and passionate love—was his at last.

**Auf Millers Anwesen hatte er diese Art von Liebe nie erlebt.**

He had never known this kind of love at Miller's estate.

**Mit den Söhnen des Richters hatte er Arbeit und Abenteuer geteilt.**

With the Judge's sons, he had shared work and adventure.

**Bei den Enkeln sah er steifen und prahlerischen Stolz.**

With the grandsons, he saw stiff and boastful pride.

**Mit Richter Miller selbst verband ihn eine respektvolle Freundschaft.**

With Judge Miller himself, he had a respectful friendship.

**Doch mit Thornton kam eine Liebe, die Feuer, Wahnsinn und Anbetung war.**

But love that was fire, madness, and worship came with Thornton.

**Dieser Mann hatte Bucks Leben gerettet, und das allein bedeutete sehr viel.**

This man had saved Buck's life, and that alone meant a great deal.

Aber darüber hinaus war John Thornton der ideale Meistertyp.

But more than that, John Thornton was the ideal kind of master.

Andere Männer kümmerten sich aus Pflichtgefühl oder geschäftlicher Notwendigkeit um Hunde.

Other men cared for dogs out of duty or business necessity.

John Thornton kümmerte sich um seine Hunde, als wären sie seine Kinder.

John Thornton cared for his dogs as if they were his children.

Er kümmerte sich um sie, weil er sie liebte und einfach nicht anders konnte.

He cared for them because he loved them and simply could not help it.

John Thornton sah sogar weiter, als die meisten Menschen jemals sehen konnten.

John Thornton saw even further than most men ever managed to see.

Er vergaß nie, sie freundlich zu grüßen oder ein aufmunterndes Wort zu sagen.

He never forgot to greet them kindly or speak a cheering word.

Er liebte es, mit den Hunden zusammenzusitzen und lange zu reden, oder, wie er sagte, „gasy".

He loved sitting down with the dogs for long talks, or "gassy," as he said.

Er packte Bucks Kopf gern grob zwischen seinen starken Händen.

He liked to seize Buck's head roughly between his strong hands.

Dann lehnte er seinen Kopf an Bucks und schüttelte ihn sanft.

Then he rested his own head against Buck's and shook him gently.

Die ganze Zeit über beschimpfte er Buck mit unhöflichen Namen, die für ihn Liebe bedeuteten.

All the while, he called Buck rude names that meant love to Buck.

**Buck bereiteten diese grobe Umarmung und diese Worte große Freude.**

To Buck, that rough embrace and those words brought deep joy.

**Sein Herz schien bei jeder Bewegung vor Glück zu beben.**

His heart seemed to shake loose with happiness at each movement.

**Als er anschließend aufsprang, sah sein Mund aus, als würde er lachen.**

When he sprang up afterward, his mouth looked like it laughed.

**Seine Augen leuchteten hell und seine Kehle zitterte vor unausgesprochener Freude.**

His eyes shone brightly and his throat trembled with unspoken joy.

**Sein Lächeln blieb in diesem Zustand der Ergriffenheit und glühenden Zuneigung stehen.**

His smile stood still in that state of emotion and glowing affection.

**Dann rief Thornton nachdenklich aus: „Gott! Er kann fast sprechen!"**

Then Thornton exclaimed thoughtfully, "God! he can almost speak!"

**Buck hatte eine seltsame Art, Liebe auszudrücken, die beinahe Schmerzen verursachte.**

Buck had a strange way of expressing love that nearly caused pain.

**Er umklammerte Thorntons Hand oft sehr fest mit seinen Zähnen.**

He often griped Thornton's hand in his teeth very tightly.

**Der Biss würde tiefe Spuren hinterlassen, die noch einige Zeit blieben.**

The bite was going to leave deep marks that stayed for some time after.

Buck glaubte, dass diese Eide Liebe waren, und Thornton wusste das auch.

Buck believed those oaths were love, and Thornton knew the same.

Meistens zeigte sich Bucks Liebe in stiller, fast stummer Verehrung.

Most often, Buck's love showed in quiet, almost silent adoration.

Obwohl er sich freute, wenn man ihn berührte oder ansprach, suchte er nicht nach Aufmerksamkeit.

Though thrilled when touched or spoken to, he did not seek attention.

Skeet schob ihre Nase unter Thorntons Hand, bis er sie streichelte.

Skeet nudged her nose under Thornton's hand until he petted her.

Nig kam leise herbei und legte seinen großen Kopf auf Thorntons Knie.

Nig walked up quietly and rested his large head on Thornton's knee.

Buck hingegen war zufrieden damit, aus respektvoller Distanz zu lieben.

Buck, in contrast, was satisfied to love from a respectful distance.

Er lag stundenlang zu Thorntons Füßen, wachsam und aufmerksam beobachtend.

He lied for hours at Thornton's feet, alert and watching closely.

Buck studierte jedes Detail des Gesichts seines Herrn und jede kleinste Bewegung.

Buck studied every detail of his master's face and slightest motion.

Oder er blieb weiter weg liegen und betrachtete schweigend die Gestalt des Mannes.

Or lied farther away, studying the man's shape in silence.

Buck beobachtete jede kleine Bewegung, jede Veränderung seiner Haltung oder Geste.

Buck watched each small move, each shift in posture or gesture.

**Diese Verbindung war so stark, dass sie Thorntons Blick oft auf sich zog.**

So powerful was this connection that often pulled Thornton's gaze.

**Er begegnete Bucks Blick ohne Worte, Liebe schimmerte deutlich hindurch.**

He met Buck's eyes with no words, love shining clearly through.

**Nach seiner Rettung ließ Buck Thornton lange Zeit nicht aus den Augen.**

For a long while after being saved, Buck never let Thornton out of sight.

**Immer wenn Thornton das Zelt verließ, folgte Buck ihm dicht auf den Fersen.**

Whenever Thornton left the tent, Buck followed him closely outside.

**All die strengen Herren im Nordland hatten Buck Angst gemacht, zu vertrauen.**

All the harsh masters in the Northland had made Buck afraid to trust.

**Er befürchtete, dass kein Mann länger als kurze Zeit sein Herr bleiben könnte.**

He feared no man could remain his master for more than a short time.

**Er befürchtete, dass John Thornton wie Perrault und François verschwinden würde.**

He feared John Thornton was going to vanish like Perrault and François.

**Sogar nachts quälte die Angst, ihn zu verlieren, Buck mit unruhigem Schlaf.**

Even at night, the fear of losing him haunted Buck's restless sleep.

**Als Buck aufwachte, kroch er in die Kälte hinaus und ging zum Zelt.**

When Buck woke, he crept out into the cold, and went to the tent.

**Er lauschte aufmerksam auf das leise Geräusch des Atmens in seinem Inneren.**

He listened carefully for the soft sound of breathing inside.

**Trotz Bucks tiefer Liebe zu John Thornton blieb die Wildnis am Leben.**

Despite Buck's deep love for John Thornton, the wild stayed alive.

**Dieser im Norden erwachte primitive Instinkt ist nicht verschwunden.**

That primitive instinct, awakened in the North, did not disappear.

**Liebe brachte Hingabe, Treue und die warme Verbundenheit des Kaminfeuers.**

Love brought devotion, loyalty, and the fire-side's warm bond.

**Aber Buck behielt auch seine wilden Instinkte, scharf und stets wachsam.**

But Buck also kept his wild instincts, sharp and ever alert.

**Er war nicht nur ein gezähmtes Haustier aus den sanften Ländern der Zivilisation.**

He was not just a tamed pet from the soft lands of civilization.

**Buck war ein wildes Wesen, das hereingekommen war, um an Thorntons Feuer zu sitzen.**

Buck was a wild being who had come in to sit by Thornton's fire.

**Er sah aus wie ein Südlandhund, aber in ihm lebte Wildheit.**

He looked like a Southland dog, but wildness lived within him.

**Seine Liebe zu Thornton war zu groß, um zuzulassen, dass er den Mann bestohlen hätte.**

His love for Thornton was too great to allow theft from the man.

**Aber in jedem anderen Lager würde er dreist und ohne Pause stehlen.**

But in any other camp, he would steal boldly and without pause.

**Er war beim Stehlen so geschickt, dass ihn niemand erwischen oder beschuldigen konnte.**

He was so clever in stealing that no one could catch or accuse him.

**Sein Gesicht und sein Körper waren mit Narben aus vielen vergangenen Kämpfen übersät.**

His face and body were covered in scars from many past fights.

**Buck kämpfte immer noch erbittert, aber jetzt kämpfte er mit mehr List.**

Buck still fought fiercely, but now he fought with more cunning.

**Skeet und Nig waren zu sanft, um zu kämpfen, und sie gehörten Thornton.**

Skeet and Nig were too gentle to fight, and they were Thornton's.

**Aber jeder fremde Hund, egal wie stark oder mutig, wich zurück.**

But any strange dog, no matter how strong or brave, gave way.

**Ansonsten kämpfte der Hund gegen Buck und um sein Leben.**

Otherwise, the dog found itself battling Buck; fighting for its life.

**Buck kannte keine Gnade, wenn er sich entschied, gegen einen anderen Hund zu kämpfen.**

Buck had no mercy once he chose to fight against another dog.

**Er hatte das Gesetz der Keule und des Reißzahns im Nordland gut gelernt.**

He had learned well the law of club and fang in the Northland.

**Er gab nie einen Vorteil auf und wich nie einer Schlacht aus.**

He never gave up an advantage and never backed away from battle.

**Er hatte Spitz und die wildesten Post- und Polizeihunde studiert.**

He had studied Spitz and the fiercest dogs of mail and police.

**Er wusste genau, dass es im wilden Kampf keinen Mittelweg gab.**

He knew clearly there was no middle ground in wild combat.

**Er musste herrschen oder beherrscht werden; Gnade zu zeigen, hieße, Schwäche zu zeigen.**

He must rule or be ruled; showing mercy meant showing weakness.

**In der rauen und brutalen Welt des Überlebens kannte man keine Gnade.**

Mercy was unknown in the raw and brutal world of survival.

**Gnade zu zeigen wurde als Angst angesehen und Angst führte schnell zum Tod.**

To show mercy was seen as fear, and fear led quickly to death.

**Das alte Gesetz war einfach: töten oder getötet werden, essen oder gefressen werden.**

The old law was simple: kill or be killed, eat or be eaten.

**Dieses Gesetz stammte aus längst vergangenen Zeiten und Buck befolgte es vollständig.**

That law came from the depths of time, and Buck followed it fully.

**Buck war älter als sein Alter und die Anzahl seiner Atemzüge.**

Buck was older than his years and the number of breaths he took.

**Er verband die ferne Vergangenheit klar mit der Gegenwart.**

He connected the ancient past with the present moment clearly.

**Die tiefen Rhythmen der Zeitalter bewegten sich durch ihn wie die Gezeiten.**

The deep rhythms of the ages moved through him like the tides.

**Die Zeit pulsierte in seinem Blut so sicher, wie die Jahreszeiten die Erde bewegen.**

Time pulsed in his blood as surely as seasons moved the earth.

**Er saß mit starker Brust und weißen Reißzähnen an Thorntons Feuer.**

He sat by Thornton's fire, strong-chested and white-fanged.

**Sein langes Fell wehte, aber hinter ihm beobachteten ihn die Geister wilder Hunde.**

His long fur waved, but behind him the spirits of wild dogs watched.

**Halbwölfe und Vollwölfe regten sich in seinem Herzen und seinen Sinnen.**

Half-wolves and full wolves stirred within his heart and senses.

**Sie probierten sein Fleisch und tranken dasselbe Wasser wie er.**

They tasted his meat and drank the same water that he did.

**Sie schnupperten neben ihm den Wind und lauschten dem Wald.**

They sniffed the wind alongside him and listened to the forest.

**Sie flüsterten die Bedeutung der wilden Geräusche in der Dunkelheit.**

They whispered the meanings of the wild sounds in the darkness.

**Sie prägten seine Stimmungen und leiteten jede seiner stillen Reaktionen.**

They shaped his moods and guided each of his quiet reactions.

**Sie lagen bei ihm, während er schlief, und wurden Teil seiner tiefen Träume.**

They lay with him as he slept and became part of his deep dreams.

**Sie träumten mit ihm, über ihn hinaus und bildeten seinen Geist.**

They dreamed with him, beyond him, and made up his very spirit.

**Die Geister der Wildnis riefen so stark, dass Buck sich hingezogen fühlte.**

The spirits of the wild called so strongly that Buck felt pulled.

**Mit jedem Tag wurden die Menschheit und ihre Ansprüche in Bucks Herzen schwächer.**

Each day, mankind and its claims grew weaker in Buck's heart.

**Tief im Wald würde ein seltsamer und aufregender Ruf erklingen.**

Deep in the forest, a strange and thrilling call was going to rise.

**Jedes Mal, wenn er den Ruf hörte, verspürte Buck einen Drang, dem er nicht widerstehen konnte.**

Every time he heard the call, Buck felt an urge he could not resist.

**Er wollte sich vom Feuer und den ausgetretenen menschlichen Pfaden abwenden.**

He was going to turn from the fire and from the beaten human paths.

**Er wollte in den Wald eintauchen und weitergehen, ohne zu wissen, warum.**

He was going to plunge into the forest, going forward without knowing why.

**Er hinterfragte diese Anziehungskraft nicht, denn der Ruf war tief und kraftvoll.**

He did not question this pull, for the call was deep and powerful.

**Oft erreichte er den grünen Schatten und die weiche, unberührte Erde**

Often, he reached the green shade and soft untouched earth

**Doch dann zog ihn die große Liebe zu John Thornton zurück zum Feuer.**

But then the strong love for John Thornton pulled him back to the fire.

**Nur John Thornton hatte Bucks wildes Herz wirklich in seiner Gewalt.**

Only John Thornton truly held Buck's wild heart in his grasp.

**Der Rest der Menschheit hatte für Buck keinen bleibenden Wert oder keine bleibende Bedeutung.**

The rest of mankind had no lasting value or meaning to Buck.

**Fremde könnten ihn loben oder ihm mit freundlichen Händen über das Fell streicheln.**

Strangers might praise him or stroke his fur with friendly hands.

**Buck blieb ungerührt und ging vor lauter Zuneigung davon.**
Buck remained unmoved and walked off from too much affection.

**Hans und Pete kamen mit dem lange erwarteten Floß**
Hans and Pete arrived with the raft that had long been awaited

**Buck ignorierte sie, bis er erfuhr, dass sie sich in der Nähe von Thornton befanden.**
Buck ignored them until he learned they were close to Thornton.

**Danach tolerierte er sie, zeigte ihnen jedoch nie seine volle Zuneigung.**
After that, he tolerated them, but never showed them full warmth.

**Er nahm Essen oder Freundlichkeiten von ihnen an, als täte er ihnen einen Gefallen.**
He took food or kindness from them as if doing them a favor.

**Sie waren wie Thornton – einfach, ehrlich und klar im Denken.**
They were like Thornton — simple, honest, and clear in thought.

**Gemeinsam reisten sie zu Dawsons Sägewerk und dem großen Wirbel**
All together they traveled to Dawson's saw-mill and the great eddy

**Auf ihrer Reise lernten sie Bucks Wesen tiefgründig kennen.**
On their journey the learned to understand Buck's nature deeply.

**Sie versuchten nicht, sich näherzukommen, wie es Skeet und Nig getan hatten.**
They did not try to grow close like Skeet and Nig had done.

**Doch Bucks Liebe zu John Thornton wurde mit der Zeit immer stärker.**
But Buck's love for John Thornton only deepened over time.

**Nur Thornton könnte Buck im Sommer eine Last auf die Schultern laden.**

Only Thornton could place a pack on Buck's back in the summer.

**Was auch immer Thornton befahl, Buck war bereit, es uneingeschränkt zu tun.**

Whatever Thornton commanded, Buck was willing to do fully.

**Eines Tages, nachdem sie Dawson in Richtung der Quellgewässer des Tanana verlassen hatten,**

One day, after they left Dawson for the headwaters of the Tanana,

**die Gruppe saß auf einer Klippe, die dreihundert Fuß bis zum nackten Fels abfiel.**

the group sat on a cliff that dropped three hundred feet to bare bedrock.

**John Thornton saß nahe der Kante und Buck ruhte sich neben ihm aus.**

John Thornton sat near the edge, and Buck rested beside him.

**Thornton hatte plötzlich eine Idee und rief die Männer auf sich aufmerksam.**

Thornton had a sudden thought and called the men's attention.

**Er deutete über den Abgrund und gab Buck einen einzigen Befehl.**

He pointed across the chasm and gave Buck a single command.

**„Spring, Buck!", sagte er und schwang seinen Arm über den Abgrund.**

"Jump, Buck!" he said, swinging his arm out over the drop.

**Einen Moment später musste er Buck packen, der sofort lossprang, um zu gehorchen.**

In a moment, he had to grab Buck, who was leaping to obey.

**Hans und Pete eilten nach vorne und zogen beide in Sicherheit.**

Hans and Pete rushed forward and pulled both back to safety.

**Nachdem alles vorbei war und sie wieder zu Atem gekommen waren, ergriff Pete das Wort.**

After all ended, and they had caught their breath, Pete spoke up.

„Die Liebe ist unheimlich", sagte er, erschüttert von der wilden Hingabe des Hundes.

"The love's uncanny," he said, shaken by the dog's fierce devotion.

**Thornton schüttelte den Kopf und antwortete mit ruhiger Ernsthaftigkeit.**

Thornton shook his head and replied with calm seriousness.

„Nein, die Liebe ist großartig", sagte er, „aber auch schrecklich."

"No, the love is splendid," he said, "but also terrible."

„Manchmal, das muss ich zugeben, macht mir diese Art von Liebe Angst."

"Sometimes, I must admit, this kind of love makes me afraid."

**Pete nickte und sagte: „Ich möchte nicht der Mann sein, der dich berührt."**

Pete nodded and said, "I'd hate to be the man who touches you."

**Er sah Buck beim Sprechen ernst und voller Respekt an.**

He looked at Buck as he spoke, serious and full of respect.

„Py Jingo!", sagte Hans schnell. „Ich auch nicht, nein, Sir."

"Py Jingo!" said Hans quickly. "Me either, no sir."

**Noch vor Jahresende wurden Petes Befürchtungen in Circle City wahr.**

Before the year ended, Pete's fears came true at Circle City.

**Ein grausamer Mann namens Black Burton hat in der Bar eine Schlägerei angezettelt.**

A cruel man named Black Burton picked a fight in the bar.

**Er war wütend und bösartig und ging auf einen Neuling los.**

He was angry and malicious, lashing out at a new tenderfoot.

**John Thornton schritt ein, ruhig und gutmütig wie immer.**

John Thornton stepped in, calm and good-natured as always.

**Buck lag mit gesenktem Kopf in einer Ecke und beobachtete Thornton aufmerksam.**

Buck lay in a corner, head down, watching Thornton closely.

**Burton schlug plötzlich zu und sein Schlag ließ Thornton herumwirbeln.**

Burton suddenly struck, his punch sending Thornton spinning.

**Nur die Stangenreling verhinderte, dass er hart auf den Boden stürzte.**

Only the bar's rail kept him from crashing hard to the ground.

**Die Beobachter hörten ein Geräusch, das weder Bellen noch Jaulen war**

The watchers heard a sound that was not bark or yelp

**Ein tiefes Brüllen kam von Buck, als er auf den Mann zustürzte.**

a deep roar came from Buck as he launched toward the man.

**Burton riss seinen Arm hoch und rettete nur knapp sein eigenes Leben.**

Burton threw his arm up and barely saved his own life.

**Buck prallte gegen ihn und warf ihn flach auf den Boden.**

Buck crashed into him, knocking him flat onto the floor.

**Buck biss tief in den Arm des Mannes und stürzte sich dann auf die Kehle.**

Buck bit deep into the man's arm, then lunged for the throat.

**Burton konnte den Angriff nur teilweise blocken und sein Hals wurde aufgerissen.**

Burton could only partly block, and his neck was torn open.

**Männer stürmten mit erhobenen Knüppeln herein und vertrieben Buck von dem blutenden Mann.**

Men rushed in, clubs raised, and drove Buck off the bleeding man.

**Ein Chirurg arbeitete schnell, um den Blutausfluss zu stoppen.**

A surgeon worked quickly to stop the blood from flowing out.

**Buck ging auf und ab und knurrte, während er immer wieder versuchte anzugreifen.**

Buck paced and growled, trying to attack again and again.

**Nur schwingende Knüppel hielten ihn davon ab, Burton zu erreichen.**

Only swinging clubs kept him back from reaching Burton.

**Eine Bergarbeiterversammlung wurde einberufen und noch vor Ort abgehalten.**

A miners' meeting was called and held right there on the spot.

**Sie waren sich einig, dass Buck provoziert worden war, und stimmten für seine Freilassung.**

They agreed Buck had been provoked and voted to set him free.

**Doch Bucks wilder Name hallte nun durch jedes Lager in Alaska.**

But Buck's fierce name now echoed in every camp in Alaska.

**Später im Herbst rettete Buck Thornton erneut auf eine neue Art und Weise.**

Later that fall, Buck saved Thornton again in a new way.

**Die drei Männer steuerten ein langes Boot durch wilde Stromschnellen.**

The three men were guiding a long boat down rough rapids.

**Thornton steuerte das Boot und rief Anweisungen zur Küste.**

Thornton maned the boat, calling directions to the shoreline.

**Hans und Pete rannten an Land und hielten sich an einem Seil fest, das sie von Baum zu Baum führte.**

Hans and Pete ran on land, holding a rope from tree to tree.

**Buck hielt am Ufer Schritt und behielt seinen Herrn immer im Auge.**

Buck kept pace on the bank, always watching his master.

**An einer ungünstigen Stelle ragten Felsen aus dem schnellen Wasser hervor.**

At one nasty place, rocks jutted out under the fast water.

**Hans ließ das Seil los und Thornton steuerte das Boot weit.**

Hans let go of the rope, and Thornton steered the boat wide.

**Hans sprintete, um das Boot an den gefährlichen Felsen vorbei wieder zu erreichen.**

Hans sprinted to catch the boat again past the dangerous rocks.

**Das Boot passierte den Felsvorsprung, geriet jedoch in eine stärkere Strömung.**

The boat cleared the ledge but hit a stronger part of the current.

**Hans griff zu schnell nach dem Seil und brachte das Boot aus dem Gleichgewicht.**

Hans grabbed the rope too quickly and pulled the boat off balance.

**Das Boot kenterte und prallte mit dem Hinterteil nach oben gegen das Ufer.**

The boat flipped over and slammed into the bank, bottom up.

**Thornton wurde hinausgeworfen und in den wildesten Teil des Wassers geschwemmt.**

Thornton was thrown out and swept into the wildest part of the water.

**Kein Schwimmer hätte in diesen tödlichen, reißenden Gewässern überleben können.**

No swimmer could have survived in those deadly, racing waters.

**Buck sprang sofort hinein und jagte seinen Herrn den Fluss hinunter.**

Buck jumped in instantly and chased his master down the river.

**Nach dreihundert Metern erreichte er endlich Thornton.**

After three hundred yards, he reached Thornton at last.

**Thornton packte Buck am Schwanz und Buck drehte sich zum Ufer um.**

Thornton grabbed Buck's tail, and Buck turned for the shore.

**Er schwamm mit voller Kraft und kämpfte gegen den wilden Sog des Wassers an.**

He swam with full strength, fighting the water's wild drag.

**Sie bewegten sich schneller flussabwärts, als sie das Ufer erreichen konnten.**

They moved downstream faster than they could reach the shore.

**Vor ihnen toste der Fluss immer lauter und stürzte in tödliche Stromschnellen.**

Ahead, the river roared louder as it fell into deadly rapids.

**Felsen schnitten durch das Wasser wie die Zähne eines riesigen Kamms.**

Rocks sliced through the water like the teeth of a huge comb.

Die Anziehungskraft des Wassers in der Nähe des Tropfens war wild und unausweichlich.

The pull of the water near the drop was savage and inescapable.

Thornton wusste, dass sie das Ufer nie rechtzeitig erreichen würden.

Thornton knew they could never make the shore in time.

Er schrammte über einen Felsen, zerschmetterte einen zweiten,

He scraped over one rock, smashed across a second,

Und dann prallte er gegen einen dritten Felsen, den er mit beiden Händen festhielt.

And then he crashed into a third rock, grabbing it with both hands.

Er ließ Buck los und übertönte das Gebrüll: „Los, Buck! Los!"

He let go of Buck and shouted over the roar, "Go, Buck! Go!"

Buck konnte sich nicht über Wasser halten und wurde von der Strömung mitgerissen.

Buck could not stay afloat and was swept down by the current.

Er kämpfte hart und versuchte, sich umzudrehen, kam aber überhaupt nicht voran.

He fought hard, struggling to turn, but made no headway at all.

Dann hörte er, wie Thornton den Befehl über das Tosen des Flusses hinweg wiederholte.

Then he heard Thornton repeat the command over the river's roar.

Buck erhob sich aus dem Wasser und hob den Kopf, als wolle er einen letzten Blick werfen.

Buck reared out of the water, raised his head as if for a last look.

dann drehte er sich um und gehorchte und schwamm entschlossen auf das Ufer zu.

then turned and obeyed, swimming toward the bank with resolve.

Pete und Hans zogen ihn im letzten Moment an Land.

Pete and Hans pulled him ashore at the final possible moment.

Sie wussten, dass Thornton sich nur noch wenige Minuten am Felsen festklammern konnte.

They knew Thornton could cling to the rock for only minutes more.

Sie rannten das Ufer hinauf zu einer Stelle weit oberhalb der Stelle, an der er hing.

They ran up the bank to a spot far above where he was hanging.

Sie befestigten die Bootsleine sorgfältig an Bucks Hals und Schultern.

They tied the boat's line to Buck's neck and shoulders carefully.

Das Seil saß eng, war aber locker genug zum Atmen und für Bewegung.

The rope was snug but loose enough for breathing and movement.

Dann warfen sie ihn erneut in den reißenden, tödlichen Fluss.

Then they launched him into the rushing, deadly river again.

Buck schwamm mutig, verpasste jedoch seinen Winkel in die Kraft des Stroms.

Buck swam boldly but missed his angle into the stream's force.

Er sah zu spät, dass er an Thornton vorbeiziehen würde.

He saw too late that he was going to drift past Thornton.

Hans riss das Seil fest, als wäre Buck ein kenterndes Boot.

Hans jerked the rope tight, as if Buck were a capsizing boat.

Die Strömung zog ihn nach unten und er verschwand unter der Oberfläche.

The current pulled him under, and he vanished below the surface.

Sein Körper schlug gegen das Ufer, bevor Hans und Pete ihn herauszogen.

His body struck the bank before Hans and Pete pulled him out.

**Er war halb ertrunken und sie haben das Wasser aus ihm herausgeprügelt.**

He was half-drowned, and they pounded the water out of him.

**Buck stand auf, taumelte und brach erneut auf dem Boden zusammen.**

Buck stood, staggered, and collapsed again onto the ground.

**Dann hörten sie Thorntons Stimme, die schwach vom Wind getragen wurde.**

Then they heard Thornton's voice faintly carried by the wind.

**Obwohl die Worte undeutlich waren, wussten sie, dass er dem Tode nahe war.**

Though the words were unclear, they knew he was near death.

**Der Klang von Thorntons Stimme traf Buck wie ein elektrischer Schlag.**

The sound of Thornton's voice hit Buck like an electric jolt.

**Er sprang auf, rannte das Ufer hinauf und kehrte zum Startpunkt zurück.**

He jumped up and ran up the bank, returning to the launch point.

**Wieder banden sie Buck das Seil fest und wieder betrat er den Bach.**

Again they tied the rope to Buck, and again he entered the stream.

**Diesmal schwamm er direkt und entschlossen in das rauschende Wasser.**

This time, he swam directly and firmly into the rushing water.

**Hans ließ das Seil langsam los, während Pete darauf achtete, dass es sich nicht verhedderte.**

Hans let out the rope steadily while Pete kept it from tangling.

**Buck schwamm schnell, bis er direkt über Thornton auf einer Linie lag.**

Buck swam hard until he was lined up just above Thornton.

**Dann drehte er sich um und raste wie ein Zug mit voller Geschwindigkeit nach unten.**

Then he turned and charged down like a train in full speed.

Thornton sah ihn kommen, machte sich bereit und schlang die Arme um seinen Hals.

Thornton saw him coming, braced, and locked arms around his neck.

Hans band das Seil fest um einen Baum, als beide unter Wasser gezogen wurden.

Hans tied the rope fast around a tree as both were pulled under.

Sie stürzten unter Wasser und zerschellten an Felsen und Flusstrümmern.

They tumbled underwater, smashing into rocks and river debris.

In einem Moment war Buck oben, im nächsten erhob sich Thornton keuchend.

One moment Buck was on top, the next Thornton rose gasping.

Zerschlagen und erstickend steuerten sie auf das Ufer zu und waren in Sicherheit.

Battered and choking, they veered to the bank and safety.

Thornton erlangte sein Bewusstsein wieder und lag quer über einem Treibholzbaumstamm.

Thornton regained consciousness, lying across a drift log.

Hans und Pete haben hart gearbeitet, um ihm Atem und Leben zurückzugeben.

Hans and Pete worked him hard to bring back breath and life.

Sein erster Gedanke galt Buck, der regungslos und schlaff dalag.

His first thought was for Buck, who lay motionless and limp.

Nig heulte über Bucks Körper und Skeet leckte sanft sein Gesicht.

Nig howled over Buck's body, and Skeet licked his face gently.

Thornton, wund und verletzt, untersuchte Buck mit vorsichtigen Händen.

Thornton, sore and bruised, examined Buck with careful hands.

Er stellte fest, dass der Hund drei Rippen gebrochen hatte, jedoch keine tödlichen Wunden aufwies.

He found three ribs broken, but no deadly wounds in the dog.

**„Damit ist die Sache geklärt", sagte Thornton. „Wir zelten hier." Und das taten sie.**

"That settles it," Thornton said. "We camp here." And they did.

**Sie blieben, bis Bucks Rippen verheilt waren und er wieder laufen konnte.**

They stayed until Buck's ribs healed and he could walk again.


**In diesem Winter vollbrachte Buck eine Leistung, die seinen Ruhm noch weiter steigerte.**

That winter, Buck performed a feat that raised his fame further.

**Es war weniger heroisch als Thornton zu retten, aber genauso beeindruckend.**

It was less heroic than saving Thornton, but just as impressive.

**In Dawson benötigten die Partner Vorräte für eine weite Reise.**

At Dawson, the partners needed supplies for a distant journey.

**Sie wollten nach Osten reisen, in unberührte Wildnisgebiete.**

They wanted to travel East, into untouched wilderness lands.

**Bucks Tat im Eldorado Saloon machte diese Reise möglich.**

Buck's deed in the Eldorado Saloon made that trip possible.

**Es begann damit, dass Männer bei einem Drink mit ihren Hunden prahlten.**

It began with men bragging about their dogs over drinks.

**Bucks Ruhm machte ihn zur Zielscheibe von Herausforderungen und Zweifeln.**

Buck's fame made him the target of challenges and doubt.

**Thornton blieb stolz und ruhig und verteidigte Bucks Namen standhaft.**

Thornton, proud and calm, stood firm in defending Buck's name.

**Ein Mann sagte, sein Hund könne problemlos zweihundertsechsunddreißig kg ziehen.**

One man said his dog could pull five hundred pounds with ease.

**Ein anderer sagte sechshundert und ein dritter prahlte mit siebenhundert.**

Another said six hundred, and a third bragged seven hundred.

**„Pfft!", sagte John Thornton, „Buck kann einen fünfhundert kg schweren Schlitten ziehen."**

"Pfft!" said John Thornton, "Buck can pull a thousand pound sled."

**Matthewson, ein Bonanza-König, beugte sich vor und forderte ihn heraus.**

Matthewson, a Bonanza King, leaned forward and challenged him.

**„Glauben Sie, er kann so viel Gewicht in Bewegung setzen?"**

"You think he can put that much weight into motion?"

**„Und Sie glauben, er kann das Gewicht volle hundert Meter weit ziehen?"**

"And you think he can pull the weight a full hundred yards?"

**Thornton antwortete kühl: „Ja. Buck ist Hund genug, um das zu tun."**

Thornton replied coolly, "Yes. Buck is dog enough to do it."

**„Er wird tausend Pfund in Bewegung setzen und es hundert Meter weit ziehen."**

"He'll put a thousand pounds into motion, and pull it a hundred yards."

**Matthewson lächelte langsam und stellte sicher, dass alle Männer seine Worte hörten.**

Matthewson smiled slowly and made sure all men heard his words.

**„Ich habe tausend Dollar, die sagen, dass er es nicht kann. Da ist es."**

"I've got a thousand dollars that says he can't. There it is."

**Er knallte einen Sack Goldstaub von der Größe einer Wurst auf die Theke.**

He slammed a sack of gold dust the size of sausage on the bar.

Niemand sagte ein Wort. Die Stille um sie herum wurde drückend und angespannt.

Nobody said a word. The silence grew heavy and tense around them.

Thorntons Bluff – wenn es denn einer war – war ernst genommen worden.

Thornton's bluff—if it was one—had been taken seriously.

Er spürte, wie ihm die Hitze im Gesicht aufstieg und das Blut in seine Wangen schoss.

He felt heat rise in his face as blood rushed to his cheeks.

In diesem Moment war seine Zunge seiner Vernunft voraus.

His tongue had gotten ahead of his reason in that moment.

Er wusste wirklich nicht, ob Buck fünfhundert kg bewegen konnte.

He truly didn't know if Buck could move a thousand pounds.

Eine halbe Tonne! Allein die Größe ließ ihm das Herz schwer werden.

Half a ton! The size of it alone made his heart feel heavy.

Er hatte Vertrauen in Bucks Stärke und hielt ihn für fähig.

He had faith in Buck's strength and had thought him capable.

Doch einer solchen Herausforderung war er noch nie begegnet, nicht auf diese Art und Weise.

But he had never faced this kind of challenge, not like this.

Ein Dutzend Männer beobachteten ihn still und warteten darauf, was er tun würde.

A dozen men watched him quietly, waiting to see what he'd do.

Er hatte das Geld nicht – Hans und Pete auch nicht.

He didn't have the money—neither did Hans or Pete.

„Ich habe draußen einen Schlitten", sagte Matthewson kalt und direkt.

"I've got a sled outside," said Matthewson coldly and direct.

„Es ist mit zwanzig Säcken zu je fünfzig Pfund beladen, alles Mehl.

"It's loaded with twenty sacks, fifty pounds each, all flour.

Lassen Sie sich also jetzt nicht von einem fehlenden Schlitten als Ausrede ausreden", fügte er hinzu.

So don't let a missing sled be your excuse now," he added.

**Thornton stand still da. Er wusste nicht, was er sagen sollte.**

Thornton stood silent. He didn't know what words to offer.

**Er blickte sich die Gesichter an, ohne sie deutlich zu erkennen.**

He looked around at the faces without seeing them clearly.

**Er sah aus wie ein Mann, der in Gedanken erstarrt war und versuchte, neu zu starten.**

He looked like a man frozen in thought, trying to restart.

**Dann sah er Jim O'Brien, einen Freund aus der Mastodon-Zeit.**

Then he saw Jim O'Brien, a friend from the Mastodon days.

**Dieses vertraute Gesicht gab ihm Mut, von dem er nicht wusste, dass er ihn hatte.**

That familiar face gave him courage he didn't know he had.

**Er drehte sich um und fragte mit leiser Stimme: „Können Sie mir tausend leihen?"**

He turned and asked in a low voice, "Can you lend me a thousand?"

**„Sicher", sagte O'Brien und ließ bereits einen schweren Sack neben dem Gold fallen.**

"Sure," said O'Brien, dropping a heavy sack by the gold already.

**„Aber ehrlich gesagt, John, ich glaube nicht, dass das Biest das tun kann."**

"But truthfully, John, I don't believe the beast can do this."

**Alle im Eldorado Saloon strömten nach draußen, um sich die Veranstaltung anzusehen.**

Everyone in the Eldorado Saloon rushed outside to see the event.

**Sie ließen Tische und Getränke zurück und sogar die Spiele wurden unterbrochen.**

They left tables and drinks, and even the games were paused.

**Dealer und Spieler kamen, um das Ende der kühnen Wette mitzuerleben.**

Dealers and gamblers came to witness the bold wager's end.

**Hunderte versammelten sich auf der vereisten Straße um den Schlitten.**

Hundreds gathered around the sled in the icy open street.

**Matthewsons Schlitten stand mit einer vollen Ladung Mehlsäcke da.**

Matthewson's sled stood with a full load of flour sacks.

**Der Schlitten stand stundenlang bei Minustemperaturen.**

The sled had been sitting for hours in minus temperatures.

**Die Kufen des Schlittens waren fest am festgetretenen Schnee festgefroren.**

The sled's runners were frozen tight to the packed-down snow.

**Die Männer wetteten zwei zu eins, dass Buck den Schlitten nicht bewegen könne.**

Men offered two-to-one odds that Buck could not move the sled.

**Es kam zu einem Streit darüber, was „ausbrechen" eigentlich bedeutet.**

A dispute broke out about what "break out" really meant.

**O'Brien sagte, Thornton solle die festgefrorene Basis des Schlittens lösen.**

O'Brien said Thornton should loosen the sled's frozen base.

**Buck könnte dann aus einem soliden, bewegungslosen Start „ausbrechen".**

Buck could then "break out" from a solid, motionless start.

**Matthewson argumentierte, dass der Hund auch die Läufer befreien müsse.**

Matthewson argued the dog must break the runners free too.

**Die Männer, die von der Wette gehört hatten, stimmten Matthewsons Ansicht zu.**

The men who had heard the bet agreed with Matthewson's view.

**Mit dieser Entscheidung stiegen die Chancen auf drei zu eins gegen Buck.**

With that ruling, the odds jumped to three-to-one against Buck.

**Niemand trat vor, um die wachsende Drei-zu-eins-Chance auf sich zu nehmen.**

No one stepped forward to take the growing three-to-one odds.

**Kein einziger Mann glaubte, dass Buck diese große Leistung vollbringen könnte.**

Not a single man believed Buck could perform the great feat.

**Thornton war zu der Wette gedrängt worden, obwohl er voller Zweifel war.**

Thornton had been rushed into the bet, heavy with doubts.

**Nun blickte er auf den Schlitten und das zehnköpfige Hundegespann daneben.**

Now he looked at the sled and the ten-dog team beside it.

**Als ich die Realität der Aufgabe sah, erschien sie noch unmöglicher.**

Seeing the reality of the task made it seem more impossible.

**Matthewson war in diesem Moment voller Stolz und Selbstvertrauen.**

Matthewson was full of pride and confidence in that moment.

**„Drei zu eins!", rief er. „Ich wette noch tausend, Thornton!"**

"Three to one!" he shouted. "I'll bet another thousand, Thornton!

**Was sagst du dazu?", fügte er laut genug hinzu, dass es alle hören konnten.**

What do you say?" he added, loud enough for all to hear.

**Thorntons Gesicht zeigte seine Zweifel, aber sein Geist war aufgeblüht.**

Thornton's face showed his doubts, but his spirit had risen.

**Dieser Kampfgeist ignorierte alle Widrigkeiten und fürchtete sich überhaupt nicht.**

That fighting spirit ignored odds and feared nothing at all.

**Er forderte Hans und Pete auf, ihr gesamtes Bargeld auf den Tisch zu bringen.**

He called Hans and Pete to bring all their cash to the table.

**Ihnen blieb nicht mehr viel übrig – insgesamt nur zweihundert Dollar.**

They had little left—only two hundred dollars combined.

**Diese kleine Summe war ihr gesamtes Vermögen in schweren Zeiten.**

This small sum was their total fortune during hard times.

**Dennoch setzten sie ihr gesamtes Vermögen auf Matthewsons Wette.**

Still, they laid all of the fortune down against Matthewson's bet.

**Das zehnköpfige Hundegespann wurde abgekoppelt und vom Schlitten wegbewegt.**

The ten-dog team was unhitched and moved away from the sled.

**Buck wurde in die Zügel genommen und trug sein vertrautes Geschirr.**

Buck was placed in the reins, wearing his familiar harness.

**Er hatte die Energie der Menge aufgefangen und die Spannung gespürt.**

He had caught the energy of the crowd and felt the tension.

**Irgendwie wusste er, dass er etwas für John Thornton tun musste.**

Somehow, he knew he had to do something for John Thornton.

**Die Leute murmelten voller Bewunderung über die stolze Gestalt des Hundes.**

People murmured with admiration at the dog's proud figure.

**Er war schlank und stark und hatte kein einziges Gramm Fleisch zu viel.**

He was lean and strong, without a single extra ounce of flesh.

**Sein Gesamtgewicht von hundertfünfzig Pfund bestand nur aus Kraft und Ausdauer.**

His full weight of hundred fifty pounds was all power and endurance.

**Bucks Fell glänzte wie Seide und strotzte vor Gesundheit und Kraft.**

Buck's coat gleamed like silk, thick with health and strength.

**Das Fell an seinem Hals und seinen Schultern schien sich aufzurichten und zu sträuben.**

The fur along his neck and shoulders seemed to lift and bristle.

**Seine Mähne bewegte sich leicht, jedes Haar war voller Energie.**

His mane moved slightly, each hair alive with his great energy.

**Seine breite Brust und seine starken Beine passten zu seinem schweren, robusten Körperbau.**

His broad chest and strong legs matched his heavy, tough frame.

**Unter seinem Mantel spannten sich Muskeln, straff und fest wie geschmiedetes Eisen.**

Muscles rippled under his coat, tight and firm as bound iron.

**Männer berührten ihn und schworen, er sei gebaut wie eine Stahlmaschine.**

Men touched him and swore he was built like a steel machine.

**Die Quoten sanken leicht auf zwei zu eins gegen den großen Hund.**

The odds dropped slightly to two to one against the great dog.

**Ein Mann von den Skookum Benches drängte sich stotternd nach vorne.**

A man from the Skookum Benches pushed forward, stuttering.

**„Gut, Sir! Ich biete achthundert für ihn – vor der Prüfung, Sir!"**

"Good, sir! I offer eight hundred for him—before the test, sir!"

**„Achthundert, so wie er jetzt dasteht!", beharrte der Mann.**

"Eight hundred, as he stands right now!" the man insisted.

**Thornton trat vor, lächelte und schüttelte ruhig den Kopf.**

Thornton stepped forward, smiled, and shook his head calmly.

**Matthewson schritt schnell mit warnender Stimme und einem Stirnrunzeln ein.**

Matthewson quickly stepped in with a warning voice and frown.

**„Sie müssen Abstand von ihm halten", sagte er. „Geben Sie ihm Raum."**

"You must step away from him," he said. "Give him space."

**Die Menge verstummte; nur die Spieler boten noch zwei zu eins.**

The crowd grew silent; only gamblers still offered two to one.

**Alle bewunderten Bucks Körperbau, aber die Last schien zu groß.**

Everyone admired Buck's build, but the load looked too great.

**Zwanzig Säcke Mehl – jeder fünfzig Pfund schwer – schienen viel zu viel.**

Twenty sacks of flour—each fifty pounds in weight—seemed far too much.

**Niemand war bereit, seinen Geldbeutel zu öffnen und sein Geld zu riskieren.**

No one was willing to open their pouch and risk their money.

**Thornton kniete neben Buck und nahm seinen Kopf in beide Hände.**

Thornton knelt beside Buck and took his head in both hands.

**Er drückte seine Wange an Bucks und sprach in sein Ohr.**

He pressed his cheek against Buck's and spoke into his ear.

**Es gab jetzt kein spielerisches Schütteln oder geflüsterte liebevolle Beleidigungen.**

There was no playful shaking or whispered loving insults now.

**Er murmelte nur leise: „So sehr du mich liebst, Buck."**

He only murmured softly, "As much as you love me, Buck."

**Buck stieß ein leises Winseln aus, seine Begierde konnte er kaum zurückhalten.**

Buck let out a quiet whine, his eagerness barely restrained.

**Die Zuschauer beobachteten neugierig, wie Spannung in der Luft lag.**

The onlookers watched with curiosity as tension filled the air.

**Der Moment fühlte sich fast unwirklich an, wie etwas jenseits der Vernunft.**

The moment felt almost unreal, like something beyond reason.

**Als Thornton aufstand, nahm Buck sanft seine Hand zwischen die Kiefer.**

When Thornton stood, Buck gently took his hand in his jaws.

**Er drückte mit den Zähnen nach unten und ließ dann langsam und sanft los.**

He pressed down with his teeth, then let go slowly and gently.

**Es war eine stille Antwort der Liebe, nicht ausgesprochen, aber verstanden.**

It was a silent answer of love, not spoken, but understood.

**Thornton trat weit von dem Hund zurück und gab das Signal.**

Thornton stepped well back from the dog and gave the signal.

**„Jetzt, Buck", sagte er und Buck antwortete mit konzentrierter Ruhe.**

"Now, Buck," he said, and Buck responded with focused calm.

**Buck spannte die Leinen und lockerte sie dann um einige Zentimeter.**

Buck tightened the traces, then loosened them by a few inches.

**Dies war die Methode, die er gelernt hatte; seine Art, den Schlitten zu zerbrechen.**

This was the method he had learned; his way to break the sled.

**„Mensch!", rief Thornton mit scharfer Stimme in der schweren Stille.**

"Gee!" Thornton shouted, his voice sharp in the heavy silence.

**Buck drehte sich nach rechts und stürzte sich mit seinem gesamten Gewicht nach vorn.**

Buck turned to the right and lunged with all of his weight.

**Das Spiel verschwand und Bucks gesamte Masse traf die straffen Leinen.**

The slack vanished, and Buck's full mass hit the tight traces.

**Der Schlitten zitterte und die Kufen machten ein knackendes, knisterndes Geräusch.**

The sled trembled, and the runners made a crisp crackling sound.

**„Haw!", befahl Thornton und änderte erneut Bucks Richtung.**

"Haw!" Thornton commanded, shifting Buck's direction again.

**Buck wiederholte die Bewegung und zog diesmal scharf nach links.**

Buck repeated the move, this time pulling sharply to the left.

**Das Knacken des Schlittens wurde lauter, die Kufen knackten und verschoben sich.**

The sled cracked louder, the runners snapping and shifting.

**Die schwere Last rutschte leicht seitwärts über den gefrorenen Schnee.**

The heavy load slid slightly sideways across the frozen snow.

**Der Schlitten hatte sich aus der Umklammerung des eisigen Pfades gelöst!**

The sled had broken free from the grip of the icy trail!

**Die Männer hielten den Atem an, ohne zu merken, dass sie nicht einmal atmeten.**

Men held their breath, unaware they were not even breathing.

**„Jetzt ZIEHEN!", rief Thornton durch die eisige Stille.**

"Now, PULL!" Thornton cried out across the frozen silence.

**Thorntons Befehl klang scharf wie ein Peitschenknall.**

Thornton's command rang out sharp, like the crack of a whip.

**Buck stürzte sich mit einem heftigen und heftigen Ausfallschritt nach vorne.**

Buck hurled himself forward with a fierce and jarring lunge.

**Sein ganzer Körper war aufgrund der enormen Belastung angespannt und verkrampft.**

His whole frame tensed and bunched for the massive strain.

**Unter seinem Fell spannten sich Muskeln wie lebendig werdende Schlangen.**

Muscles rippled under his fur like serpents coming alive.

**Seine breite Brust war tief, der Kopf nach vorne zum Schlitten gestreckt.**

His great chest was low, head stretched forward toward the sled.

**Seine Pfoten bewegten sich blitzschnell und seine Krallen zerschnitten den gefrorenen Boden.**

His paws moved like lightning, claws slicing the frozen ground.

Er kämpfte um jeden Zentimeter Bodenhaftung und hinterließ tiefe Rillen.

Grooves were cut deep as he fought for every inch of traction.

Der Schlitten schaukelte, zitterte und begann eine langsame, unruhige Bewegung.

The sled rocked, trembled, and began a slow, uneasy motion.

Ein Fuß rutschte aus und ein Mann in der Menge stöhnte laut auf.

One foot slipped, and a man in the crowd groaned aloud.

Dann machte der Schlitten mit einer ruckartigen, heftigen Bewegung einen Satz nach vorne.

Then the sled lunged forward in a jerking, rough movement.

Es hörte nicht wieder auf – noch einen halben Zoll … einen Zoll … zwei Zoll mehr.

It didn't stop again—half an inch...an inch...two inches more.

Die Stöße wurden kleiner, als der Schlitten an Geschwindigkeit zunahm.

The jerks became smaller as the sled began to gather speed.

Bald zog Buck mit sanfter, gleichmäßiger Rollkraft.

Soon Buck was pulling with smooth, even, rolling power.

Die Männer schnappten nach Luft und erinnerten sich schließlich wieder daran zu atmen.

Men gasped and finally remembered to breathe again.

Sie hatten nicht bemerkt, dass ihnen vor Ehrfurcht der Atem stockte.

They had not noticed their breath had stopped in awe.

Thornton rannte hinterher und rief kurze, fröhliche Befehle.

Thornton ran behind, calling out short, cheerful commands.

Vor uns lag ein Stapel Brennholz, der die Entfernung markierte.

Ahead was a stack of firewood that marked the distance.

Als Buck sich dem Haufen näherte, wurde der Jubel immer lauter.

As Buck neared the pile, the cheering grew louder and louder.

Der Jubel schwoll zu einem Brüllen an, als Buck den Endpunkt passierte.

The cheering swelled into a roar as Buck passed the end point.

**Männer sprangen auf und schrien, sogar Matthewson grinste.**

Men jumped and shouted, even Matthewson broke into a grin.

**Hüte flogen durch die Luft, Fäustlinge wurden gedankenlos und ziellos herumgeworfen.**

Hats flew into the air, mittens were tossed without thought or aim.

**Männer packten einander und schüttelten sich die Hände, ohne zu wissen, wer es war.**

Men grabbed each other and shook hands without knowing who.

**Die ganze Menge war in wilder, freudiger Stimmung.**

The whole crowd buzzed in wild, joyful celebration.

**Thornton fiel mit zitternden Händen neben Buck auf die Knie.**

Thornton dropped to his knees beside Buck with trembling hands.

**Er drückte seinen Kopf an Bucks und schüttelte ihn sanft hin und her.**

He pressed his head to Buck's and shook him gently back and forth.

**Diejenigen, die näher kamen, hörten, wie er den Hund mit stiller Liebe verfluchte.**

Those who approached heard him curse the dog with quiet love.

**Er beschimpfte Buck lange – leise, herzlich und emotional.**

He swore at Buck for a long time—softly, warmly, with emotion.

**„Gut, Sir! Gut, Sir!", rief der König der Skookum-Bank hastig.**

"Good, sir! Good, sir!" cried the Skookum Bench king in a rush.

**„Ich gebe Ihnen tausend – nein, zwölfhundert – für diesen Hund, Sir!"**

"I'll give you a thousand—no, twelve hundred—for that dog, sir!"

**Thornton stand langsam auf, seine Augen glänzten vor Emotionen.**

Thornton rose slowly to his feet, his eyes shining with emotion.

**Tränen strömten ihm ohne jede Scham über die Wangen.**

Tears streamed openly down his cheeks without any shame.

**„Sir", sagte er zum König der Skookum-Bank, ruhig und bestimmt**

"Sir," he said to the Skookum Bench king, steady and firm

**„Nein, Sir. Sie können zur Hölle fahren, Sir. Das ist meine endgültige Antwort."**

"No, sir. You can go to hell, sir. That's my final answer."

**Buck packte Thorntons Hand sanft mit seinen starken Kiefern.**

Buck grabbed Thornton's hand gently in his strong jaws.

**Thornton schüttelte ihn spielerisch, ihre Bindung war so tief wie eh und je.**

Thornton shook him playfully, their bond deep as ever.

**Die Menge, bewegt von diesem Moment, trat schweigend zurück.**

The crowd, moved by the moment, stepped back in silence.

**Von da an wagte es niemand mehr, diese heilige Zuneigung zu unterbrechen.**

From then on, none dared interrupt such sacred affection.

## Der Klang des Rufs
The Sound of the Call

**Buck hatte in fünf Minuten Sechzehnhundert Dollar verdient.**
Buck had earned sixteen hundred dollars in five minutes.
**Mit dem Geld konnte John Thornton einen Teil seiner Schulden begleichen.**
The money let John Thornton pay off some of his debts.
**Mit dem restlichen Geld machte er sich mit seinen Partnern auf den Weg nach Osten.**
With the rest of the money he headed East with his partners.
**Sie suchten nach einer sagenumwobenen verlorenen Mine, die so alt ist wie das Land selbst.**
They sought a fabled lost mine, as old as the country itself.
**Viele Männer hatten nach der Mine gesucht, aber nur wenige hatten sie je gefunden.**
Many men had looked for the mine, but few had ever found it.
**Während der gefährlichen Suche waren nicht wenige Männer verschwunden.**
More than a few men had vanished during the dangerous quest.
**Diese verlorene Mine war sowohl in Geheimnisse als auch in eine alte Tragödie gehüllt.**
This lost mine was wrapped in both mystery and old tragedy.
**Niemand wusste, wer der erste Mann war, der die Mine entdeckt hatte.**
No one knew who the first man to find the mine had been.
**In den ältesten Geschichten wird niemand namentlich erwähnt.**
The oldest stories don't mention anyone by name.
**Dort hatte immer eine alte, baufällige Hütte gestanden.**
There had always been an ancient ramshackle cabin there.
**Sterbende Männer hatten geschworen, dass sich neben dieser alten Hütte eine Mine befand.**
Dying men had sworn there was a mine next to that old cabin.

**Sie bewiesen ihre Geschichten mit Gold, wie es nirgendwo sonst zu finden ist.**

They proved their stories with gold like none found elsewhere.

**Keine lebende Seele hatte den Schatz von diesem Ort jemals geplündert.**

No living soul had ever looted the treasure from that place.

**Die Toten waren tot, und Tote erzählen keine Geschichten.**

The dead were dead, and dead men tell no tales.

**Also machten sich Thornton und seine Freunde auf den Weg in den Osten.**

So Thornton and his friends headed into the East.

**Pete und Hans kamen mit Buck und sechs starken Hunden.**

Pete and Hans joined, bringing Buck and six strong dogs.

**Sie begaben sich auf einen unbekannten Weg, an dem andere gescheitert waren.**

They set off down an unknown trail where others had failed.

**Sie rodelten siebzig Meilen den zugefrorenen Yukon River hinauf.**

They sledded seventy miles up the frozen Yukon River.

**Sie bogen links ab und folgten dem Pfad bis zum Stewart.**

They turned left and followed the trail into the Stewart.

**Sie passierten Mayo und McQuestion und drängten weiter.**

They passed the Mayo and McQuestion, pressing farther on.

**Der Stewart schrumpfte zu einem Strom, der sich durch zerklüftete Gipfel schlängelte.**

The Stewart shrank into a stream, threading jagged peaks.

**Diese scharfen Gipfel markierten das Rückgrat des Kontinents.**

These sharp peaks marked the very spine of the continent.

**John Thornton verlangte wenig von den Menschen oder der Wildnis.**

John Thornton demanded little from men or the wild land.

**Er fürchtete nichts in der Natur und begegnete der Wildnis mit Leichtigkeit.**

He feared nothing in nature and faced the wild with ease.

**Nur mit Salz und einem Gewehr konnte er reisen, wohin er wollte.**

With only salt and a rifle, he could travel where he wished.

**Wie die Eingeborenen jagte er auf seiner Reise nach Nahrung.**

Like the natives, he hunted food while he journeyed along.

**Wenn er nichts fing, machte er weiter und vertraute auf sein Glück.**

If he caught nothing, he kept going, trusting luck ahead.

**Auf dieser langen Reise war Fleisch die Hauptnahrungsquelle.**

On this long journey, meat was the main thing they ate.

**Der Schlitten enthielt Werkzeuge und Munition, jedoch keinen strengen Zeitplan.**

The sled held tools and ammo, but no strict timetable.

**Buck liebte dieses Herumwandern, die endlose Jagd und das Fischen.**

Buck loved this wandering; the endless hunt and fishing.

**Wochenlang waren sie Tag für Tag unterwegs.**

For weeks they were traveling day after steady day.

**Manchmal schlugen sie Lager auf und blieben wochenlang dort.**

Other times they made camps and stayed still for weeks.

**Die Hunde ruhten sich aus, während die Männer im gefrorenen Dreck gruben.**

The dogs rested while the men dug through frozen dirt.

**Sie erwärmten Pfannen über dem Feuer und suchten nach verborgenem Gold.**

They warmed pans over fires and searched for hidden gold.

**An manchen Tagen hungerten sie, an anderen feierten sie Feste.**

Some days they starved, and some days they had feasts.

**Ihre Mahlzeiten hingen vom Wild und vom Jagdglück ab.**

Their meals depended on the game and the luck of the hunt.

**Als der Sommer kam, trugen Männer und Hunde schwere Lasten auf ihren Rücken.**

When summer came, men and dogs packed loads on their backs.

**Sie fuhren mit dem Floß über blaue Seen, die in Bergwäldern versteckt waren.**

They rafted across blue lakes hidden in mountain forests.

**Sie segelten in schmalen Booten auf Flüssen, die noch nie von Menschen kartiert worden waren.**

They sailed slim boats on rivers no man had ever mapped.

**Diese Boote wurden aus Bäumen gebaut, die sie in der Wildnis gesägt haben.**

Those boats were built from trees they sawed in the wild.


**Die Monate vergingen und sie schlängelten sich durch die wilden, unbekannten Länder.**

The months passed, and they twisted through the wild unknown lands.

**Es waren keine Männer dort, doch alte Spuren deuteten darauf hin, dass Männer dort gewesen waren.**

There were no men there, yet old traces hinted that men had been.

**Wenn die verlorene Hütte echt war, dann waren einst andere hier entlang gekommen.**

If the Lost Cabin was real, then others had once come this way.

**Sie überquerten hohe Pässe bei Schneestürmen, sogar im Sommer.**

They crossed high passes in blizzards, even during the summer.

**Sie zitterten unter der Mitternachtssonne auf kahlen Berghängen.**

They shivered under the midnight sun on bare mountain slopes.

**Zwischen der Baumgrenze und den Schneefeldern stiegen sie langsam auf.**

Between the treeline and the snowfields, they climbed slowly.

**In warmen Tälern schlugen sie nach Schwärmen aus Mücken und Fliegen.**

In warm valleys, they swatted at clouds of gnats and flies.

**Sie pflückten süße Beeren in der Nähe von Gletschern in voller Sommerblüte.**

They picked sweet berries near glaciers in full summer bloom.

**Die Blumen, die sie fanden, waren genauso schön wie die im Süden.**

The flowers they found were as lovely as those in the Southland.

**Im Herbst erreichten sie eine einsame Region voller stiller Seen.**

That fall they reached a lonely region filled with silent lakes.

**Das Land war traurig und leer, einst voller Vögel und Tiere.**

The land was sad and empty, once alive with birds and beasts.

**Jetzt gab es kein Leben mehr, nur noch den Wind und das Eis, das sich in Pfützen bildete.**

Now there was no life, just the wind and ice forming in pools.

**Mit einem sanften, traurigen Geräusch schlugen die Wellen gegen die leeren Ufer.**

Waves lapped against empty shores with a soft, mournful sound.


**Ein weiterer Winter kam und sie folgten erneut schwachen, alten Spuren.**

Another winter came, and they followed faint, old trails again.

**Dies waren die Spuren von Männern, die schon lange vor ihnen gesucht hatten.**

These were the trails of men who had searched long before them.

**Einmal fanden sie einen Pfad, der tief in den dunklen Wald hineinreichte.**

Once they found a path cut deep into the dark forest.

**Es war ein alter Pfad und sie hatten das Gefühl, dass die verlorene Hütte ganz in der Nähe war.**

It was an old trail, and they felt the lost cabin was close.

**Doch die Spur führte nirgendwo hin und verlor sich im dichten Wald.**

But the trail led nowhere and faded into the thick woods.

**Wer auch immer die Spur angelegt hat und warum, das wusste niemand.**

Whoever made the trail, and why they made it, no one knew.

**Später fanden sie das Wrack einer Hütte, versteckt zwischen den Bäumen.**

Later, they found the wreck of a lodge hidden among the trees.

**Verrottende Decken lagen verstreut dort, wo einst jemand geschlafen hatte.**

Rotting blankets lay scattered where someone once had slept.

**John Thornton fand darin ein Steinschlossgewehr mit langem Lauf.**

John Thornton found a long-barreled flintlock buried inside.

**Er wusste, dass es sich um eine Waffe von Hudson Bay aus den frühen Handelstagen handelte.**

He knew this was a Hudson Bay gun from early trading days.

**Damals wurden solche Gewehre gegen Stapel von Biberfellen eingetauscht.**

In those days such guns were traded for stacks of beaver skins.

**Das war alles – von dem Mann, der die Hütte gebaut hatte, gab es keine Spur mehr.**

That was all—no clue remained of the man who built the lodge.


**Der Frühling kam wieder und sie fanden keine Spur von der verlorenen Hütte.**

Spring came again, and they found no sign of the Lost Cabin.

**Stattdessen fanden sie ein breites Tal mit einem seichten Bach.**

Instead they found a broad valley with a shallow stream.

**Gold lag wie glatte, gelbe Butter auf dem Pfannenboden.**

Gold lay across the pan bottoms like smooth, yellow butter.

**Sie hielten dort an und suchten nicht weiter nach der Hütte.**

They stopped there and searched no farther for the cabin.

**Jeden Tag arbeiteten sie und fanden Tausende in Goldstaub.**

Each day they worked and found thousands in gold dust.

**Sie packten das Gold in Säcke aus Elchhaut, jeder Fünfzig Pfund schwer.**

They packed the gold in bags of moose-hide, fifty pounds each.

**Die Säcke waren wie Brennholz vor ihrer kleinen Hütte gestapelt.**

The bags were stacked like firewood outside their small lodge.

**Sie arbeiteten wie Giganten und die Tage vergingen wie im Flug.**

They worked like giants, and the days passed like quick dreams.

**Sie häuften Schätze an, während die endlosen Tage schnell vorbeizogen.**

They heaped up treasure as the endless days rolled swiftly by.

**Außer ab und zu Fleisch zu schleppen, gab es für die Hunde nicht viel zu tun.**

There was little for the dogs to do except haul meat now and then.

**Thornton jagte und tötete das Wild, und Buck lag am Feuer.**

Thornton hunted and killed the game, and Buck lay by the fire.

**Er verbrachte viele Stunden schweigend, versunken in Gedanken und Erinnerungen.**

He spent long hours in silence, lost in thought and memory.

**Das Bild des haarigen Mannes kam Buck immer häufiger in den Sinn.**

The image of the hairy man came more often into Buck's mind.

**Jetzt, wo es kaum noch Arbeit gab, träumte Buck, während er ins Feuer blinzelte.**

Now that work was scarce, Buck dreamed while blinking at the fire.

**In diesen Träumen wanderte Buck mit dem Mann in eine andere Welt.**

In those dreams, Buck wandered with the man in another world.

**Angst schien das stärkste Gefühl in dieser fernen Welt zu sein.**

Fear seemed the strongest feeling in that distant world.

**Buck sah, wie der haarige Mann mit gesenktem Kopf schlief.**

Buck saw the hairy man sleep with his head bowed low.

**Seine Hände waren gefaltet und sein Schlaf war unruhig und unterbrochen.**

His hands were clasped, and his sleep was restless and broken.

**Er wachte immer ruckartig auf und starrte ängstlich in die Dunkelheit.**

He used to wake with a start and stare fearfully into the dark.

**Dann warf er mehr Holz ins Feuer, um die Flamme hell zu halten.**

Then he'd toss more wood onto the fire to keep the flame bright.

**Manchmal spazierten sie an einem Strand entlang, der an einem grauen, endlosen Meer entlangführte.**

Sometimes they walked along a beach by a gray, endless sea.

**Der haarige Mann sammelte Schalentiere und aß sie im Gehen.**

The hairy man picked shellfish and ate them as he walked.

**Seine Augen suchten immer nach verborgenen Gefahren in den Schatten.**

His eyes searched always for hidden dangers in the shadows.

**Seine Beine waren immer bereit, beim ersten Anzeichen einer Bedrohung loszusprinten.**

His legs were always ready to sprint at the first sign of threat.

**Sie schlichen still und vorsichtig Seite an Seite durch den Wald.**

They crept through the forest, silent and wary, side by side.

**Buck folgte ihm auf den Fersen und beide blieben wachsam.**

Buck followed at his heels, and both of them stayed alert.

**Ihre Ohren zuckten und bewegten sich, ihre Nasen schnüffelten in der Luft.**

Their ears twitched and moved, their noses sniffed the air.

Der Mann konnte den Wald genauso gut hören und riechen wie Buck.

The man could hear and smell the forest as sharply as Buck.

Der haarige Mann schwang sich mit plötzlicher Geschwindigkeit durch die Bäume.

The hairy man swung through the trees with sudden speed.

Er sprang von Ast zu Ast, ohne jemals den Halt zu verlieren.

He leapt from branch to branch, never missing his grip.

Er bewegte sich über dem Boden genauso schnell wie auf ihm.

He moved as fast above the ground as he did upon it.

Buck erinnerte sich an lange Nächte, in denen er unter den Bäumen Wache hielt.

Buck remembered long nights beneath the trees, keeping watch.

Der Mann schlief auf seiner Stange in den Zweigen und klammerte sich fest.

The man slept roosting in the branches, clinging tight.

Diese Vision des haarigen Mannes war eng mit dem tiefen Ruf verbunden.

This vision of the hairy man was tied closely to the deep call.

Der Ruf klang noch immer mit eindringlicher Kraft durch den Wald.

The call still sounded through the forest with haunting force.

Der Anruf erfüllte Buck mit Sehnsucht und einem rastlosen Gefühl der Freude.

The call filled Buck with longing and a restless sense of joy.

Er spürte seltsame Triebe und Regungen, die er nicht benennen konnte.

He felt strange urges and stirrings that he could not name.

Manchmal folgte er dem Ruf tief in die Stille des Waldes.

Sometimes he followed the call deep into the quiet woods.

Er suchte nach dem Ruf und bellte dabei leise oder scharf.

He searched for the calling, barking softly or sharply as he went.

Er roch am Moos und der schwarzen Erde, wo die Gräser wuchsen.

He sniffed the moss and black soil where the grasses grew.

**Er schnaubte entzückt über den reichen Geruch der tiefen Erde.**

He snorted with delight at the rich smells of the deep earth.

**Er hockte stundenlang hinter pilzbefallenen Baumstämmen.**

He crouched for hours behind trunks covered in fungus.

**Er blieb still und lauschte mit großen Augen jedem noch so kleinen Geräusch.**

He stayed still, listening wide-eyed to every tiny sound.

**Vielleicht hoffte er, das Wesen, das den Ruf auslöste, zu überraschen.**

He may have hoped to surprise the thing that gave the call.

**Er wusste nicht, warum er so handelte – er tat es einfach.**

He did not know why he acted this way—he simply did.

**Die Triebe kamen aus der Tiefe, jenseits von Denken und Vernunft.**

The urges came from deep within, beyond thought or reason.

**Unwiderstehliche Triebe überkamen Buck ohne Vorwarnung oder Grund.**

Irresistible urges took hold of Buck without warning or reason.

**Manchmal döste er träge im Lager in der Mittagshitze.**

At times he was dozing lazily in camp under the midday heat.

**Plötzlich hob er den Kopf und stellte aufmerksam die Ohren auf.**

Suddenly, his head lifted and his ears shoot up alert.

**Dann sprang er auf und stürmte ohne Pause in die Wildnis.**

Then he sprang up and dash into the wild without pause.

**Er rannte stundenlang durch Waldwege und offene Flächen.**

He ran for hours through forest paths and open spaces.

**Er liebte es, trockenen Bachläufen zu folgen und Vögel in den Bäumen zu beobachten.**

He loved to follow dry creek beds and spy on birds in the trees.

**Er könnte den ganzen Tag versteckt liegen und den Rebhühnern beim Herumstolzieren zusehen.**

He could lie hidden all day, watching partridges strut around.

**Sie trommelten und marschierten, ohne Bucks Anwesenheit zu bemerken.**

They drummed and marched, unaware of Buck's still presence.

**Doch am meisten liebte er das Laufen in der Sommerdämmerung.**

But what he loved most was running at twilight in summer.

**Das schwache Licht und die schläfrigen Waldgeräusche erfüllten ihn mit Freude.**

The dim light and sleepy forest sounds filled him with joy.

**Er las die Zeichen des Waldes so deutlich, wie ein Mann ein Buch liest.**

He read the forest signs as clearly as a man reads a book.

**Und er suchte immer nach dem Seltsamen, das ihn rief.**

And he searched always for the strange thing that called him.

**Dieser Ruf hörte nie auf – es erreichte ihn im Wachzustand und im Schlaf.**

That calling never stopped—it reached him waking or sleeping.

**Eines Nachts erwachte er mit einem Ruck, die Augen waren scharf und die Ohren gespitzt.**

One night, he woke with a start, eyes sharp and ears high.

**Seine Nasenlöcher zuckten, während seine Mähne in Wellen sträubte.**

His nostrils twitched as his mane stood bristling in waves.

**Aus der Tiefe des Waldes ertönte erneut der alte Ruf.**

From deep in the forest came the sound again, the old call.

**Diesmal war der Ton klar und deutlich zu hören, ein langes, eindringliches, vertrautes Heulen.**

This time the sound rang clearly, a long, haunting, familiar howl.

**Es klang wie der Schrei eines Huskys, aber mit einem seltsamen und wilden Ton.**

It was like a husky's cry, but strange and wild in tone.

**Buck erkannte das Geräusch sofort – er hatte das genaue Geräusch vor langer Zeit gehört.**

Buck knew the sound at once—he had heard the exact sound long ago.

**Er sprang durch das Lager und verschwand schnell im Wald.**

He leapt through camp and vanished swiftly into the woods.

**Als er sich dem Geräusch näherte, wurde er langsamer und bewegte sich vorsichtig.**

As he neared the sound, he slowed and moved with care.

**Bald erreichte er eine Lichtung zwischen dichten Kiefern.**

Soon he reached a clearing between thick pine trees.

**Dort saß aufrecht auf seinen Hinterbeinen ein großer, schlanker Timberwolf.**

There, upright on its haunches, sat a tall, lean timber wolf.

**Die Nase des Wolfes zeigte zum Himmel und hallte noch immer den Ruf wider.**

The wolf's nose pointed skyward, still echoing the call.

**Buck hatte keinen Laut von sich gegeben, doch der Wolf blieb stehen und lauschte.**

Buck had made no sound, yet the wolf stopped and listened.

**Der Wolf spürte etwas, spannte sich an und suchte die Dunkelheit ab.**

Sensing something, the wolf tensed, searching the darkness.

**Buck schlich ins Blickfeld, mit gebeugtem Körper und ruhigen Füßen auf dem Boden.**

Buck crept into view, body low, feet quiet on the ground.

**Sein Schwanz war gerade, sein Körper vor Anspannung zusammengerollt.**

His tail was straight, his body coiled tight with tension.

**Er zeigte sowohl eine bedrohliche als auch eine Art raue Freundschaft.**

He showed both threat and a kind of rough friendship.

**Es war die vorsichtige Begrüßung, die wilde Tiere einander entgegenbrachten.**

It was the wary greeting shared by beasts of the wild.

**Aber der Wolf drehte sich um und floh, sobald er Buck sah.**

But the wolf turned and fled as soon as it saw Buck.

**Buck nahm die Verfolgung auf und sprang wild um sich, begierig darauf, es einzuholen.**

Buck gave chase, leaping wildly, eager to overtake it.

**Er folgte dem Wolf in einen trockenen Bach, der durch einen Holzstau blockiert war.**

He followed the wolf into a dry creek blocked by a timber jam.

**In die Enge getrieben, wirbelte der Wolf herum und blieb stehen.**

Cornered, the wolf spun around and stood its ground.

**Der Wolf knurrte und schnappte wie ein gefangener Husky im Kampf.**

The wolf snarled and snapped like a trapped husky dog in a fight.

**Die Zähne des Wolfes klickten schnell, sein Körper strotzte vor wilder Wut.**

The wolf's teeth clicked fast, its body bristling with wild fury.

**Buck griff nicht an, sondern umkreiste den Wolf mit vorsichtiger Freundlichkeit.**

Buck did not attack but circled the wolf with careful friendliness.

**Durch langsame, harmlose Bewegungen versuchte er, seine Flucht zu verhindern.**

He tried to block his escape by slow, harmless movements.

**Der Wolf war vorsichtig und verängstigt – Buck war dreimal so schwer wie er.**

The wolf was wary and scared—Buck outweighed him three times.

**Der Kopf des Wolfes reichte kaum bis zu Bucks massiver Schulter.**

The wolf's head barely reached up to Buck's massive shoulder.

**Der Wolf hielt Ausschau nach einer Lücke, rannte los und die Jagd begann von neuem.**

Watching for a gap, the wolf bolted and the chase began again.

**Buck drängte ihn mehrere Male in die Enge und der Tanz wiederholte sich.**

Several times Buck cornered him, and the dance repeated.

**Der Wolf war dünn und schwach, sonst hätte Buck ihn nicht fangen können.**

The wolf was thin and weak, or Buck could not have caught him.

**Jedes Mal, wenn Buck näher kam, wirbelte der Wolf herum und sah ihn voller Angst an.**

Each time Buck drew near, the wolf spun and faced him in fear.

**Dann rannte er bei der ersten Gelegenheit erneut in den Wald.**

Then at the first chance, he dashed off into the woods once more.

**Aber Buck gab nicht auf und schließlich fasste der Wolf Vertrauen zu ihm.**

But Buck did not give up, and finally the wolf came to trust him.

**Er schnüffelte an Bucks Nase und die beiden wurden verspielt und aufmerksam.**

He sniffed Buck's nose, and the two grew playful and alert.

**Sie spielten wie wilde Tiere, wild und doch schüchtern in ihrer Freude.**

They played like wild animals, fierce yet shy in their joy.

**Nach einer Weile trabte der Wolf zielstrebig und ruhig davon.**

After a while, the wolf trotted off with calm purpose.

**Er machte Buck deutlich, dass er beabsichtigte, verfolgt zu werden.**

He clearly showed Buck that he meant to be followed.

**Sie rannten Seite an Seite durch die Dämmerung.**

They ran side by side through the twilight gloom.

**Sie folgten dem Bachbett hinauf in die felsige Schlucht.**

They followed the creek bed up into the rocky gorge.

**Sie überquerten eine kalte Wasserscheide, wo der Bach entsprungen war.**

They crossed a cold divide where the stream had begun.

**Am gegenüberliegenden Hang fanden sie ausgedehnte Wälder und viele Bäche.**

On the far slope they found wide forest and many streams.

**Durch dieses weite Land rannten sie stundenlang ohne Pause.**

Through this vast land, they ran for hours without stopping.

**Die Sonne stieg höher, die Luft wurde wärmer, aber sie rannten weiter.**

The sun rose higher, the air grew warm, but they ran on.

**Buck war voller Freude – er wusste, dass er seiner Berufung folgte.**

Buck was filled with joy—he knew he was answering his calling.

**Er rannte neben seinem Waldbruder her, näher an die Quelle des Rufs.**

He ran beside his forest brother, closer to the call's source.

**Alte Gefühle kehrten zurück, stark und schwer zu ignorieren.**

Old feelings returned, powerful and hard to ignore.

**Dies waren die Wahrheiten hinter den Erinnerungen aus seinen Träumen.**

These were the truths behind the memories from his dreams.

**All dies hatte er schon einmal in einer fernen, schattenhaften Welt getan.**

He had done all this before in a distant and shadowy world.

**Jetzt tat er es wieder und rannte wild herum, während der Himmel über ihm frei war.**

Now he did this again, running wild with the open sky above.

**Sie hielten an einem Bach an, um aus dem kalten, fließenden Wasser zu trinken.**

They stopped at a stream to drink from the cold flowing water.

**Während er trank, erinnerte sich Buck plötzlich an John Thornton.**

As he drank, Buck suddenly remembered John Thornton.

**Er saß schweigend da, hin- und hergerissen zwischen der Anziehungskraft der Loyalität und der Berufung.**

He sat down in silence, torn by the pull of loyalty and the calling.

**Der Wolf trabte weiter, kam aber zurück, um Buck anzutreiben.**

The wolf trotted on, but came back to urge Buck forward.

**Er rümpfte die Nase und versuchte, ihn mit sanften Gesten zu beruhigen.**

He sniffed his nose and tried to coax him with soft gestures.

**Aber Buck drehte sich um und machte sich auf den Rückweg.**

But Buck turned around and started back the way he came.

**Der Wolf lief lange Zeit neben ihm her und winselte leise.**

The wolf ran beside him for a long time, whining quietly.

**Dann setzte er sich hin, hob die Nase und stieß ein langes Heulen aus.**

Then he sat down, raised his nose, and let out a long howl.

**Es war ein trauriger Schrei, der leiser wurde, als Buck wegging.**

It was a mournful cry, softening as Buck walked away.

**Buck lauschte, als der Schrei langsam in der Stille des Waldes verklang.**

Buck listened as the sound of the cry faded slowly into the forest silence.

**John Thornton aß gerade zu Abend, als Buck ins Lager stürmte.**

John Thornton was eating dinner when Buck burst into the camp.

**Buck sprang wild auf ihn zu, leckte, biss und warf ihn um.**

Buck leapt upon him wildly, licking, biting, and tumbling him.

**Er warf ihn um, kletterte darauf und küsste sein Gesicht.**

He knocked him over, scrambled on top, and kissed his face.

**Thornton nannte dies liebevoll „den allgemeinen Narren spielen".**

Thornton called this "playing the general tom-fool" with affection.

**Die ganze Zeit verfluchte er Buck sanft und schüttelte ihn hin und her.**

All the while, he cursed Buck gently and shook him back and forth.

**Zwei ganze Tage und Nächte lang verließ Buck das Lager kein einziges Mal.**

For two whole days and nights, Buck never left the camp once.

**Er blieb in Thorntons Nähe und ließ ihn nie aus den Augen.**

He kept close to Thornton and never let him out of his sight.

**Er folgte ihm bei der Arbeit und beobachtete ihn beim Essen.**

He followed him as he worked and watched him while he ate.

**Er begleitete Thornton abends in seine Decken und jeden Morgen wieder heraus.**

He saw Thornton into his blankets at night and out each morning.

**Doch bald kehrte der Ruf des Waldes zurück, lauter als je zuvor.**

But soon the forest call returned, louder than ever before.

**Buck wurde wieder unruhig, aufgewühlt von Gedanken an den wilden Wolf.**

Buck grew restless again, stirred by thoughts of the wild wolf.

**Er erinnerte sich an das offene Land und daran, wie sie Seite an Seite gelaufen waren.**

He remembered the open land and running side by side.

**Er begann erneut, allein und wachsam in den Wald zu wandern.**

He began wandering into the forest once more, alone and alert.

**Aber der wilde Bruder kam nicht zurück und das Heulen war nicht zu hören.**

But the wild brother did not return, and the howl was not heard.

**Buck begann, draußen zu schlafen und blieb tagelang weg.**

Buck started sleeping outside, staying away for days at a time.

**Einmal überquerte er die hohe Wasserscheide, wo der Bach entsprungen war.**

Once he crossed the high divide where the creek had begun.

**Er betrat das Land des dunklen Waldes und der breiten, fließenden Ströme.**

He entered the land of dark timber and wide flowing streams.

**Eine Woche lang streifte er umher und suchte nach Spuren seines wilden Bruders.**

For a week he roamed, searching for signs of the wild brother.

**Er tötete sein eigenes Fleisch und reiste mit langen, unermüdlichen Schritten.**

He killed his own meat and travelled with long, tireless strides.

**Er fischte in einem breiten Fluss, der bis ins Meer reichte, nach Lachs.**

He fished for salmon in a wide river that reached the sea.

**Dort kämpfte er gegen einen von Insekten verrückt gewordenen Schwarzbären und tötete ihn.**

There, he fought and killed a black bear maddened by bugs.

**Der Bär war beim Angeln und rannte blind durch die Bäume.**

The bear had been fishing and ran blindly through the trees.

**Der Kampf war erbittert und weckte Bucks tiefen Kampfgeist.**

The battle was a fierce one, waking Buck's deep fighting spirit up.

**Als Buck zwei Tage später zurückkam, fand er Vielfraße an seiner Beute vor.**

Two days later, Buck returned to find wolverines at his kill.

**Ein Dutzend von ihnen stritten sich lautstark und wütend um das Fleisch.**

A dozen of them quarreled over the meat in noisy fury.

**Buck griff an und zerstreute sie wie Blätter im Wind.**

Buck charged and scattered them like leaves in the wind.

**Zwei Wölfe blieben zurück – still, leblos und für immer regungslos.**

Two wolves remained behind—silent, lifeless, and unmoving forever.

**Der Blutdurst wurde stärker denn je.**

The thirst for blood grew stronger than ever.

**Buck war ein Jäger, ein Killer, der sich von Lebewesen ernährte.**

Buck was a hunter, a killer, feeding off living creatures.

**Er überlebte allein und verließ sich auf seine Kraft und seine scharfen Sinne.**

He survived alone, relying on his strength and sharp senses.

**Er gedieh in der Wildnis, wo nur die Zähesten überleben konnten.**

He thrived in the wild, where only the toughest could live.

**Daraus erwuchs ein großer Stolz, der Bucks ganzes Wesen erfüllte.**

From this, a great pride rose up and filled Buck's whole being.

**Sein Stolz war in jedem seiner Schritte und in der Anspannung jedes einzelnen Muskels zu erkennen.**

His pride showed in his every step, in the ripple of every muscle.

**Sein Stolz war so deutlich wie seine Sprache und spiegelte sich in seiner Haltung wider.**

His pride was as clear as speech, seen in how he carried himself.

**Sogar sein dickes Fell sah majestätischer aus und glänzte heller.**

Even his thick coat looked more majestic and gleamed brighter.

**Man hätte Buck mit einem riesigen Timberwolf verwechseln können.**

Buck could have been mistaken for a giant timber wolf.

**Außer dem Braun an seiner Schnauze und den Flecken über seinen Augen.**

Except for brown on his muzzle and spots above his eyes.

**Und der weiße Fellstreifen, der mitten auf seiner Brust verlief.**

And the white streak of fur that ran down the middle of his chest.

**Er war sogar größer als der größte Wolf dieser wilden Rasse.**

He was even larger than the biggest wolf of that fierce breed.

**Sein Vater, ein Bernhardiner, verlieh ihm Größe und einen schweren Körperbau.**

His father, a St. Bernard, gave him size and heavy frame.

**Seine Mutter, eine Schäferin, formte diesen Körper zu einer wolfsähnlichen Gestalt.**

His mother, a shepherd, shaped that bulk into wolf-like form.

**Er hatte die lange Schnauze eines Wolfes, war allerdings schwerer und breiter.**

He had the long muzzle of a wolf, though heavier and broader.

**Sein Kopf war der eines Wolfes, aber von massiver, majestätischer Gestalt.**

His head was a wolf's, but built on a massive, majestic scale.

**Bucks List war die List des Wolfes und der Wildnis.**

Buck's cunning was the cunning of the wolf and of the wild.

**Seine Intelligenz hat er sowohl vom Deutschen Schäferhund als auch vom Bernhardiner.**

His intelligence came from both the German Shepherd and St. Bernard.

**All dies und harte Erfahrungen machten ihn zu einer furchterregenden Kreatur.**

All this, plus harsh experience, made him a fearsome creature.

**Er war so furchterregend wie jedes andere Tier, das in der Wildnis des Nordens umherstreifte.**

He was as formidable as any beast that roamed the northern wild.

**Buck ernährte sich ausschließlich von Fleisch und erreichte den Höhepunkt seiner Kraft.**

Living only on meat, Buck reached the full peak of his strength.

**Jede Faser seines Körpers strotzte vor Kraft und männlicher Stärke.**

He overflowed with power and male force in every fiber of him.

**Als Thornton seinen Rücken streichelte, funkelten seine Haare vor Energie.**

When Thornton stroked his back, the hairs sparked with energy.

**Jedes Haar knisterte, aufgeladen durch die Berührung lebendigen Magnetismus.**

Each hair crackled, charged with the touch of living magnetism.

**Sein Körper und sein Gehirn waren auf die höchstmögliche Tonhöhe eingestellt.**

His body and brain were tuned to the finest possible pitch.

**Jeder Nerv, jede Faser und jeder Muskel arbeitete in perfekter Harmonie.**

Every nerve, fiber, and muscle worked in perfect harmony.

**Auf jedes Geräusch oder jeden Anblick, der eine Aktion erforderte, reagierte er sofort.**

To any sound or sight needing action, he responded instantly.

**Wenn ein Husky zum Angriff ansetzte, konnte Buck doppelt so schnell springen.**

If a husky leaped to attack, Buck could leap twice as fast.

**Er reagierte schneller, als andere es sehen oder hören konnten.**

He reacted quicker than others could even see or hear.

**Wahrnehmung, Entscheidung und Handlung erfolgten alle in einem fließenden Moment.**

Perception, decision, and action all came in one fluid moment.

**Tatsächlich geschahen diese Handlungen getrennt voneinander, aber zu schnell, um es zu bemerken.**

In truth, these acts were separate, but too fast to notice.

**Die Abstände zwischen diesen Akten waren so kurz, dass sie wie ein einziger Akt wirkten.**

So brief were the gaps between these acts, they seemed as one.

**Seine Muskeln und sein Körper waren wie straff gespannte Federn.**

His muscles and being was like tightly coiled springs.

**Sein Körper strotzte vor Leben, wild und freudig in seiner Kraft.**

His body surged with life, wild and joyful in its power.

**Manchmal hatte er das Gefühl, als würde die Kraft völlig aus ihm herausbrechen.**

At times he felt like the force was going to burst out of him entirely.

„So einen Hund hat es noch nie gegeben", sagte Thornton eines ruhigen Tages.

"Never was there such a dog," Thornton said one quiet day.

**Die Partner sahen zu, wie Buck stolz aus dem Lager schritt.**

The partners watched Buck striding proudly from the camp.

„Als er erschaffen wurde, veränderte er, was ein Hund sein kann", sagte Pete.

"When he was made, he changed what a dog can be," said Pete.

**Bei Gott! Das glaube ich auch", stimmte Hans schnell zu.**

"By Jesus! I think so myself," Hans quickly agreed.

**Sie sahen ihn abmarschieren, aber nicht die Veränderung, die danach kam.**

They saw him march off, but not the change that came after.

**Sobald er den Wald betrat, verwandelte sich Buck völlig.**

As soon as he entered the woods, Buck transformed completely.

**Er marschierte nicht mehr, sondern bewegte sich wie ein wilder Geist zwischen den Bäumen.**

He no longer marched, but moved like a wild ghost among trees.

**Er wurde still, katzenpfotenartig, ein Flackern, das durch die Schatten huschte.**

He became silent, cat-footed, a flicker passing through shadows.

**Er nutzte die Deckung geschickt und kroch wie eine Schlange auf dem Bauch.**

He used cover with skill, crawling on his belly like a snake.

**Und wie eine Schlange konnte er lautlos nach vorne springen und zuschlagen.**

And like a snake, he could leap forward and strike in silence.

**Er könnte ein Schneehuhn direkt aus seinem versteckten Nest stehlen.**

He could steal a ptarmigan straight from its hidden nest.

**Er tötete schlafende Kaninchen, ohne ein einziges Geräusch zu machen.**

He killed sleeping rabbits without a single sound.

**Er konnte Streifenhörnchen mitten in der Luft fangen, wenn sie zu langsam flohen.**

He could catch chipmunks midair as they fled too slowly.

**Selbst Fische in Teichen konnten seinen plötzlichen Angriffen nicht entkommen.**

Even fish in pools could not escape his sudden strikes.

**Nicht einmal schlaue Biber, die Dämme reparierten, waren vor ihm sicher.**

Not even clever beavers fixing dams were safe from him.

**Er tötete, um Nahrung zu bekommen, nicht zum Spaß – aber seine eigene Beute gefiel ihm am besten.**

He killed for food, not for fun—but liked his own kills best.

**Dennoch war bei manchen seiner stillen Jagden ein hintergründiger Humor spürbar.**

Still, a sly humor ran through some of his silent hunts.

**Er schlich sich dicht an Eichhörnchen heran, ließ sie aber dann entkommen.**

He crept up close to squirrels, only to let them escape.

**Sie wollten in die Bäume fliehen und schnatterten voller Angst und Empörung.**

They were going to flee to the trees, chattering in fearful outrage.

**Mit dem Herbst kamen immer mehr Elche.**

As fall came, moose began to appear in greater numbers.

**Sie zogen langsam in die tiefer gelegenen Täler, um dem Winter entgegenzukommen.**

They moved slowly into the low valleys to meet the winter.

**Buck hatte bereits ein junges, streunendes Kalb erlegt.**

Buck had already brought down one young, stray calf.

**Doch er sehnte sich danach, einer größeren, gefährlicheren Beute gegenüberzutreten.**

But he longed to face larger, more dangerous prey.

**Eines Tages fand er an der Wasserscheide, an der Quelle des Baches, seine Chance.**

One day on the divide, at the creek's head, he found his chance.

**Eine Herde von zwanzig Elchen war aus bewaldeten Gebieten herübergekommen.**

A herd of twenty moose had crossed from forested lands.

**Unter ihnen war ein mächtiger Stier, der Anführer der Gruppe.**

Among them was a mighty bull; the leader of the group.

**Der Bulle war über ein Meter achtzig Meter groß und sah grimmig und wild aus.**

The bull stood over six feet tall and looked fierce and wild.

**Er warf sein breites Geweih hin und her, dessen vierzehn Enden sich nach außen verzweigten.**

He tossed his wide antlers, fourteen points branching outward.

**Die Spitzen dieser Geweihe hatten einen Durchmesser von sieben Fuß.**

The tips of those antlers stretched seven feet across.

**Seine kleinen Augen brannten vor Wut, als er Buck in der Nähe entdeckte.**

His small eyes burned with rage as he spotted Buck nearby.

**Er stieß ein wütendes Brüllen aus und zitterte vor Wut und Schmerz.**

He let out a furious roar, trembling with fury and pain.

**Nahe seiner Flanke ragte eine gefiederte und scharfe Pfeilspitze hervor.**

An arrow-end stuck out near his flank, feathered and sharp.

**Diese Wunde trug dazu bei, seine wilde, verbitterte Stimmung zu erklären.**

This wound helped explain his savage, bitter mood.

**Buck, geleitet von seinem uralten Jagdinstinkt, machte seinen Zug.**

Buck, guided by ancient hunting instinct, made his move.

**Sein Ziel war es, den Bullen vom Rest der Herde zu trennen.**

He aimed to separate the bull from the rest of the herd.

**Dies war keine leichte Aufgabe – es erforderte Schnelligkeit und messerscharfe List.**

This was no easy task—it took speed and fierce cunning.

**Er bellte und tanzte in der Nähe des Stiers, gerade außerhalb seiner Reichweite.**

He barked and danced near the bull, just out of range.

**Der Elch stürzte sich mit riesigen Hufen und tödlichem Geweih auf ihn.**

The moose lunged with huge hooves and deadly antlers.

**Ein Schlag hätte Bucks Leben im Handumdrehen beenden können.**

One blow could have ended Buck's life in a heartbeat.

**Der Stier konnte die Bedrohung nicht hinter sich lassen und wurde wütend.**

Unable to leave the threat behind, the bull grew mad.

**Er stürmte wütend auf ihn zu, doch Buck entkam ihm jedes Mal.**

He charged in fury, but Buck always slipped away.

**Buck täuschte Schwäche vor und lockte ihn weiter von der Herde weg.**

Buck faked weakness, luring him farther from the herd.

**Doch die jungen Bullen wollten zurückstürmen, um den Anführer zu beschützen.**

But young bulls were going to charge back to protect the leader.

**Sie zwangen Buck zum Rückzug und den Bullen, sich wieder der Gruppe anzuschließen.**

They forced Buck to retreat and the bull to rejoin the group.

**In der Wildnis herrscht eine tiefe und unaufhaltsame Geduld.**

There is a patience in the wild, deep and unstoppable.

**Eine Spinne wartet unzählige Stunden bewegungslos in ihrem Netz.**

A spider waits motionless in its web for countless hours.

**Eine Schlange rollt sich ohne zu zucken zusammen und wartet, bis es Zeit ist.**

A snake coils without twitching, and waits till it is time.

**Ein Panther liegt auf der Lauer, bis der Moment gekommen ist.**

A panther lies in ambush, until the moment arrives.

**Dies ist die Geduld von Raubtieren, die jagen, um zu überleben.**

This is the patience of predators who hunt to survive.

**Dieselbe Geduld brannte in Buck, als er in seiner Nähe blieb.**

That same patience burned inside Buck as he stayed close.

**Er blieb in der Nähe der Herde, verlangsamte ihren Marsch und schürte Angst.**

He stayed near the herd, slowing its march and stirring fear.

**Er ärgerte die jungen Bullen und schikanierte die Mutterkühe.**

He teased the young bulls and harassed the mother cows.

**Er trieb den verwundeten Stier in eine noch tiefere, hilflose Wut.**

He drove the wounded bull into a deeper, helpless rage.

**Einen halben Tag lang zog sich der Kampf ohne Pause hin.**

For half a day, the fight dragged on with no rest at all.

**Buck griff aus jedem Winkel an, schnell und wild wie der Wind.**

Buck attacked from every angle, fast and fierce as wind.

**Er hinderte den Stier daran, sich auszuruhen oder sich bei seiner Herde zu verstecken.**

He kept the bull from resting or hiding with its herd.

**Buck zermürbte den Willen des Elchs schneller als seinen Körper.**

Buck wore down the moose's will faster than its body.

**Der Tag verging und die Sonne sank tief am nordwestlichen Himmel.**

The day passed and the sun sank low in the northwest sky.

**Die jungen Bullen kehrten langsamer zurück, um ihrem Anführer zu helfen.**

The young bulls returned more slowly to help their leader.

**Die Herbstnächte waren zurückgekehrt und die Dunkelheit dauerte nun sechs Stunden.**

Fall nights had returned, and darkness now lasted six hours.

**Der Winter drängte sie bergab in sicherere, wärmere Täler.**

Winter was pressing them downhill into safer, warmer
valleys.

**Aber sie konnten dem Jäger, der sie zurückhielt, immer noch
nicht entkommen.**

But still they couldn't escape the hunter that held them back.

**Es stand nur ein Leben auf dem Spiel – nicht das der Herde,
sondern nur das ihres Anführers.**

Only one life was at stake—not the herd's, just their leader's.

**Dadurch wurde die Bedrohung in weite Ferne gerückt und
ihre dringende Sorge wurde aufgehoben.**

That made the threat distant and not their urgent concern.

**Mit der Zeit akzeptierten sie diesen Preis und überließen
Buck die Übernahme des alten Bullen.**

In time, they accepted this cost and let Buck take the old bull.

**Als die Dämmerung hereinbrach, stand der alte Bulle mit
gesenktem Kopf da.**

As twilight settled in, the old bull stood with his head down.

**Er sah zu, wie die Herde, die er geführt hatte, im
schwindenden Licht verschwand.**

He watched the herd he had led vanish into the fading light.

**Es gab Kühe, die er gekannt hatte, Kälber, deren Vater er
einst gewesen war.**

There were cows he had known, calves he had once fathered.

**Es gab jüngere Bullen, gegen die er in vergangenen Saisons
gekämpft und die er beherrscht hatte.**

There were younger bulls he had fought and ruled in past
seasons.

**Er konnte ihnen nicht folgen, denn vor ihm kauerte Buck
wieder.**

He could not follow them—for before him crouched Buck
again.

**Der gnadenlose Schrecken mit den Reißzähnen versperrte
ihm jeden Weg.**

The merciless fanged terror blocked every path he might take.

**Der Bulle brachte mehr als drei Zentner geballte Kraft auf
die Waage.**

The bull weighed more than three hundredweight of dense power.

**Er hatte ein langes Leben geführt und in einer Welt voller Kämpfe hart gekämpft.**

He had lived long and fought hard in a world of struggle.

**Doch nun, am Ende, kam der Tod von einem Tier, das weit unter ihm stand.**

Yet now, at the end, death came from a beast far beneath him.

**Bucks Kopf erreichte nicht einmal die riesigen, mit Knöcheln besetzten Knie des Bullen.**

Buck's head did not even rise to the bull's huge knuckled knees.

**Von diesem Moment an blieb Buck Tag und Nacht bei dem Bullen.**

From that moment on, Buck stayed with the bull night and day.

**Er gönnte ihm keine Ruhe, erlaubte ihm nie zu grasen oder zu trinken.**

He never gave him rest, never allowed him to graze or drink.

**Der Stier versuchte, junge Birkentriebe und Weidenblätter zu fressen.**

The bull tried to eat young birch shoots and willow leaves.

**Aber Buck verjagte ihn, immer wachsam und immer angreifend.**

But Buck drove him off, always alert and always attacking.

**Sogar an plätschernden Bächen blockte Buck jeden durstigen Versuch ab.**

Even at trickling streams, Buck blocked every thirsty attempt.

**Manchmal floh der Stier aus Verzweiflung mit voller Geschwindigkeit.**

Sometimes, in desperation, the bull fled at full speed.

**Buck ließ ihn laufen und lief ruhig direkt hinter ihm her, nie weit entfernt.**

Buck let him run, loping calmly just behind, never far away.

**Als der Elch innehielt, legte sich Buck hin, blieb aber bereit.**

When the moose paused, Buck lay down, but stayed ready.

**Wenn der Bulle versuchte zu fressen oder zu trinken, schlug Buck mit voller Wut zu.**

If the bull tried to eat or drink, Buck struck with full fury.

**Der große Kopf des Stiers sank tiefer unter sein gewaltiges Geweih.**

The bull's great head sagged lower under its vast antlers.

**Sein Tempo verlangsamte sich, der Trab wurde schwerfällig, ein stolpernder Schritt.**

His pace slowed, the trot became a heavy; a stumbling walk.

**Er stand oft still mit hängenden Ohren und der Nase am Boden.**

He often stood still with drooped ears and nose to the ground.

**In diesen Momenten nahm sich Buck Zeit zum Trinken und Ausruhen.**

During those moments, Buck took time to drink and rest.

**Mit heraushängender Zunge und starrem Blick spürte Buck, wie sich das Land veränderte.**

Tongue out, eyes fixed, Buck sensed the land was changing.

**Er spürte, wie sich etwas Neues durch den Wald und den Himmel bewegte.**

He felt something new moving through the forest and sky.

**Mit der Rückkehr der Elche kehrten auch andere Wildtiere zurück.**

As moose returned, so did other creatures of the wild.

**Das Land fühlte sich lebendig an, mit einer Präsenz, die man nicht sieht, aber deutlich wahrnimmt.**

The land felt alive with presence, unseen but strongly known.

**Buck wusste dies weder am Geräusch, noch am Anblick oder am Geruch.**

It was not by sound, sight, nor by scent that Buck knew this.

**Ein tieferes Gefühl sagte ihm, dass neue Kräfte im Gange waren.**

A deeper sense told him that new forces were on the move.

**In den Wäldern und entlang der Bäche herrschte seltsames Leben.**

Strange life stirred through the woods and along the streams.

Er beschloss, diesen Geist zu erforschen, nachdem die Jagd
beendet war.

He resolved to explore this spirit, after the hunt was complete.

Am vierten Tag erlegte Buck endlich den Elch.

On the fourth day, Buck brought down the moose at last.

Er blieb einen ganzen Tag und eine ganze Nacht bei der
Beute, fraß und ruhte sich aus.

He stayed by the kill for a full day and night, feeding and
resting.

Er aß, schlief dann und aß dann wieder, bis er stark und satt
war.

He ate, then slept, then ate again, until he was strong and full.

Als er fertig war, kehrte er zum Lager und nach Thornton
zurück.

When he was ready, he turned back toward camp and
Thornton.

Mit gleichmäßigem Tempo begann er die lange Heimreise.

With steady pace, he began the long return journey home.

Er rannte in seinem unermüdlichen Galopp Stunde um
Stunde, ohne auch nur ein einziges Mal vom Weg
abzukommen.

He ran in his tireless lope, hour after hour, never once
straying.

Durch unbekannte Länder bewegte er sich schnurgerade wie
eine Kompassnadel.

Through unknown lands, he moved straight as a compass
needle.

Sein Orientierungssinn ließ Mensch und Karte im Vergleich
schwach erscheinen.

His sense of direction made man and map seem weak by
comparison.

Während Buck rannte, spürte er die Bewegung in der
Wildnis stärker.

As Buck ran, he felt more strongly the stir in the wild land.

Es war eine neue Art zu leben, anders als in den ruhigen
Sommermonaten.

It was a new kind of life, unlike that of the calm summer months.

**Dieses Gefühl kam nicht länger als subtile oder entfernte Botschaft.**

This feeling no longer came as a subtle or distant message.

**Nun sprachen die Vögel von diesem Leben und Eichhörnchen plapperten darüber.**

Now the birds spoke of this life, and squirrels chattered about it.

**Sogar die Brise flüsterte Warnungen durch die stillen Bäume.**

Even the breeze whispered warnings through the silent trees.

**Mehrmals blieb er stehen und schnupperte die frische Morgenluft.**

Several times he stopped and sniffed the fresh morning air.

**Dort las er eine Nachricht, die ihn schneller nach vorne springen ließ.**

He read a message there that made him leap forward faster.

**Ein starkes Gefühl der Gefahr erfüllte ihn, als wäre etwas schiefgelaufen.**

A heavy sense of danger filled him, as if something had gone wrong.

**Er befürchtete, dass ein Unglück bevorstünde – oder bereits eingetreten war.**

He feared calamity was coming—or had already come.

**Er überquerte den letzten Bergrücken und betrat das darunterliegende Tal.**

He crossed the last ridge and entered the valley below.

**Er bewegte sich langsamer und war bei jedem Schritt aufmerksamer und vorsichtiger.**

He moved more slowly, alert and cautious with every step.

**Drei Meilen weiter fand er eine frische Spur, die ihn erstarren ließ.**

Three miles out he found a fresh trail that made him stiffen.

**Die Haare in seinem Nacken stellten sich auf und sträubten sich vor Schreck.**

The hair along his neck rippled and bristled in alarm.

**Die Spur führte direkt zum Lager, wo Thornton wartete.**

The trail led straight toward the camp where Thornton waited.

**Buck bewegte sich jetzt schneller, seine Schritte waren lautlos und schnell zugleich.**

Buck moved faster now, his stride both silent and swift.

**Seine Nerven lagen blank, als er Zeichen las, die andere übersehen würden.**

His nerves tightened as he read signs others were going to miss.

**Jedes Detail der Spur erzählte eine Geschichte – außer dem letzten Stück.**

Each detail in the trail told a story—except the final piece.

**Seine Nase erzählte ihm von dem Leben, das hier vorbeigezogen war.**

His nose told him about the life that had passed this way.

**Der Duft vermittelte ihm ein wechselndes Bild, als er dicht hinter ihm folgte.**

The scent gave him a changing picture as he followed close behind.

**Doch im Wald selbst war es still geworden, unnatürlich still.**

But the forest itself had gone quiet; unnaturally still.

**Die Vögel waren verschwunden, die Eichhörnchen hatten sich versteckt, waren still und ruhig.**

Birds had vanished, squirrels were hidden, silent and still.

**Er sah nur ein einziges Grauhörnchen, das flach auf einem toten Baum lag.**

He saw only one gray squirrel, flat on a dead tree.

**Das Eichhörnchen fügte sich steif und reglos in den Wald ein.**

The squirrel blended in, stiff and motionless like a part of the forest.

**Buck bewegte sich wie ein Schatten, lautlos und sicher durch die Bäume.**

Buck moved like a shadow, silent and sure through the trees.

**Seine Nase zuckte zur Seite, als würde sie von einer unsichtbaren Hand gezogen.**

His nose jerked sideways as if pulled by an unseen hand.

**Er drehte sich um und folgte der neuen Spur tief in ein Dickicht hinein.**

He turned and followed the new scent deep into a thicket.

**Dort fand er Nig tot daliegend, von einem Pfeil durchbohrt.**

There he found Nig, lying dead, pierced through by an arrow.

**Der Schaft durchdrang seinen Körper, die Federn waren noch zu sehen.**

The shaft passed clear through his body, feathers still showing.

**Nig hatte sich dorthin geschleppt, war jedoch gestorben, bevor er Hilfe erreichen konnte.**

Nig had dragged himself there, but died before reaching help.

**Hundert Meter weiter fand Buck einen weiteren Schlittenhund.**

A hundred yards farther on, Buck found another sled dog.

**Es war ein Hund, den Thornton in Dawson City gekauft hatte.**

It was a dog that Thornton had bought back in Dawson City.

**Der Hund befand sich in einem tödlichen Kampf und schlug heftig auf dem Weg um sich.**

The dog was in a death struggle, thrashing hard on the trail.

**Buck ging um ihn herum, blieb nicht stehen und richtete den Blick nach vorne.**

Buck passed around him, not stopping, eyes fixed ahead.

**Aus Richtung des Lagers ertönte in der Ferne ein rhythmischer Gesang.**

From the direction of the camp came a distant, rhythmic chant.

**Die Stimmen schwoll in einem seltsamen, unheimlichen Singsangton an und ab.**

Voices rose and fell in a strange, eerie, sing-song tone.

**Buck kroch schweigend zum Rand der Lichtung.**

Buck crawled forward to the edge of the clearing in silence.

**Dort sah er Hans mit dem Gesicht nach unten liegen, von vielen Pfeilen durchbohrt.**

There he saw Hans lying face-down, pierced with many arrows.

**Sein Körper sah aus wie der eines Stachelschweins und war mit gefiederten Schäften bestückt.**

His body looked like a porcupine, bristling with feathered shafts.

**Im selben Moment blickte Buck in Richtung der zerstörten Hütte.**

At the same moment, Buck looked toward the ruined lodge.

**Bei diesem Anblick stellten sich ihm die Nacken- und Schulterhaare auf.**

The sight made the hair rise stiff on his neck and shoulders.

**Ein Sturm wilder Wut durchfuhr Bucks ganzen Körper.**

A storm of wild rage swept through Buck's whole body.

**Er knurrte laut, obwohl er nicht wusste, dass er es getan hatte.**

He growled aloud, though he did not know that he had.

**Der Klang war rau, erfüllt von furchterregender, wilder Wut.**

The sound was raw, filled with terrifying, savage fury.

**Zum letzten Mal in seinem Leben verlor Buck den Verstand und die Gefühle.**

For the last time in his life, Buck lost reason to emotion.

**Es war die Liebe zu John Thornton, die seine sorgfältige Kontrolle brach.**

It was love for John Thornton that broke his careful control.

**Die Yeehats tanzten um die zerstörte Fichtenhütte.**

The Yeehats were dancing around the wrecked spruce lodge.

**Dann ertönte ein Brüllen – und ein unbekanntes Tier stürmte auf sie zu.**

Then came a roar—and an unknown beast charged toward them.

**Es war Buck, eine aufbrausende Furie, ein lebendiger Sturm der Rache.**

It was Buck; a fury in motion; a living storm of vengeance.

**Wahnsinnig vor Tötungsdrang stürzte er sich mitten unter sie.**

He flung himself into their midst, mad with the need to kill.

**Er sprang auf den ersten Mann, den Yeehat-Häuptling, und traf zielsicher.**

He leapt at the first man, the Yeehat chief, and struck true.

**Seine Kehle war aufgerissen und Blut spritzte in einem Strom.**

His throat was ripped open, and blood spouted in a stream.

**Buck blieb nicht stehen, sondern riss dem nächsten Mann mit einem Sprung die Kehle durch.**

Buck did not stop, but tore the next man's throat with one leap.

**Er war nicht aufzuhalten – er riss, schlug und machte nie eine Pause, um sich auszuruhen.**

He was unstoppable—ripping, slashing, never pausing to rest.

**Er schoss und sprang so schnell, dass ihre Pfeile ihn nicht treffen konnten.**

He darted and sprang so fast their arrows could not touch him.

**Die Yeehats waren in ihrer eigenen Panik und Verwirrung gefangen.**

The Yeehats were caught in their own panic and confusion.

**Ihre Pfeile verfehlten Buck und trafen stattdessen einander.**

Their arrows missed Buck and struck one another instead.

**Ein Jugendlicher warf einen Speer nach Buck und traf einen anderen Mann.**

One youth threw a spear at Buck and hit another man.

**Der Speer durchbohrte seine Brust und die Spitze durchbohrte seinen Rücken.**

The spear drove through his chest, the point punching out his back.

**Die Yeehats wurden von Panik erfasst und zogen sich umgehend zurück.**

Terror swept over the Yeehats, and they broke into full retreat.

**Sie schrien vor dem bösen Geist und flohen in die Schatten des Waldes.**

They screamed of the Evil Spirit and fled into the forest shadows.

**Buck war wirklich wie ein Dämon, als er die Yeehats jagte.**

Truly, Buck was like a demon as he chased the Yeehats down.

**Er raste hinter ihnen durch den Wald her und erlegte sie wie Rehe.**

He tore after them through the forest, bringing them down like deer.

**Für die verängstigten Yeehats wurde es ein Tag des Schicksals und des Terrors.**

It became a day of fate and terror for the frightened Yeehats.

**Sie zerstreuten sich über das Land und flohen in alle Richtungen.**

They scattered across the land, fleeing far in every direction.

**Eine ganze Woche verging, bevor sich die letzten Überlebenden in einem Tal trafen.**

A full week passed before the last survivors met in a valley.

**Erst dann zählten sie ihre Verluste und sprachen über das Geschehene.**

Only then did they count their losses and speak of what happened.

**Nachdem Buck die Jagd satt hatte, kehrte er zum zerstörten Lager zurück.**

Buck, after tiring of the chase, returned to the ruined camp.

**Er fand Pete, noch in seine Decken gehüllt, getötet beim ersten Angriff.**

He found Pete, still in his blankets, killed in the first attack.

**Spuren von Thorntons letztem Kampf waren im Dreck in der Nähe zu sehen.**

Signs of Thornton's last struggle were marked in the dirt nearby.

**Buck folgte jeder Spur und erschnüffelte jede Markierung bis zum letzten Punkt.**

Buck followed every trace, sniffing each mark to a final point.

**Am Rand eines tiefen Teichs fand er den treuen Skeet, der still dalag.**

At the edge of a deep pool, he found faithful Skeet, lying still.

**Skeets Kopf und Vorderpfoten lagen regungslos im Wasser, er lag tot da.**

Skeet's head and front paws were in the water, unmoving in death.

**Der Teich war schlammig und durch das Abwasser aus den Schleusenkästen verunreinigt.**

The pool was muddy and tainted with runoff from the sluice boxes.

**Seine trübe Oberfläche verbarg, was darunter lag, aber Buck kannte die Wahrheit.**

Its cloudy surface hid what lay beneath, but Buck knew the truth.

**Er folgte Thorntons Spur bis in den Pool – doch die Spur führte nirgendwo anders hin.**

He tracked Thornton's scent into the pool—but the scent led nowhere else.

**Es gab keinen Geruch, der hinausführte – nur die Stille des tiefen Wassers.**

There was no scent leading out—only the silence of deep water.

**Den ganzen Tag blieb Buck in der Nähe des Teichs und ging voller Trauer im Lager auf und ab.**

All day Buck stayed near the pool, pacing the camp in grief.

**Er wanderte ruhelos umher oder saß regungslos da, in tiefe Gedanken versunken.**

He wandered restlessly or sat in stillness, lost in heavy thought.

**Er kannte den Tod, das Ende des Lebens, das Verschwinden aller Bewegung.**

He knew death; the ending of life; the vanishing of all motion.

**Er verstand, dass John Thornton weg war und nie wieder zurückkehren würde.**

He understood that John Thornton was gone, never to return.

**Der Verlust hinterließ eine Leere in ihm, die wie Hunger pochte.**

The loss left an empty space in him that throbbed like hunger.

**Doch dieser Hunger konnte durch Essen nicht gestillt werden, egal, wie viel er aß.**

But this was a hunger food could not ease, no matter how much he ate.

**Manchmal, wenn er die toten Yeehats ansah, ließ der Schmerz nach.**

At times, as he looked at the dead Yeehats, the pain faded.

**Und dann stieg ein seltsamer Stolz in ihm auf, wild und vollkommen.**

And then a strange pride rose inside him, fierce and complete.

**Er hatte den Menschen getötet, das höchste und gefährlichste Wild von allen.**

He had killed man, the highest and most dangerous game of all.

**Er hatte unter Missachtung des alten Gesetzes von Keule und Reißzahn getötet.**

He had killed in defiance of the ancient law of club and fang.

**Buck schnüffelte neugierig und nachdenklich an ihren leblosen Körpern.**

Buck sniffed their lifeless bodies, curious and thoughtful.

**Sie waren so leicht gestorben – viel leichter als ein Husky in einem Kampf.**

They had died so easily—much easier than a husky in a fight.

**Ohne ihre Waffen waren sie weder wirklich stark noch stellten sie eine Bedrohung dar.**

Without their weapons, they had no true strength or threat.

**Buck würde sie nie wieder fürchten, es sei denn, sie wären bewaffnet.**

Buck was never going to fear them again, unless they were armed.

**Nur wenn sie Keulen, Speere oder Pfeile trugen, war er vorsichtig.**

Only when they carried clubs, spears, or arrows he'd beware.

**Die Nacht brach herein und ein Vollmond stieg hoch über die Baumwipfel.**

Night fell, and a full moon rose high above the tops of the trees.

**Das blasse Licht des Mondes tauchte das Land in einen sanften, geisterhaften Schein wie am Tag.**

The moon's pale light bathed the land in a soft, ghostly glow like day.

**Als die Nacht hereinbrach, trauerte Buck noch immer am stillen Teich.**

As the night deepened, Buck still mourned by the silent pool.

**Dann bemerkte er eine andere Regung im Wald.**

Then he became aware of a different stirring in the forest.

**Die Aufregung kam nicht von den Yeehats, sondern von etwas Älterem und Tieferem.**

The stirring was not from the Yeehats, but from something older and deeper.

**Er stand auf, spitzte die Ohren und prüfte vorsichtig mit der Nase die Brise.**

He stood up, ears lifted, nose testing the breeze with care.

**Aus der Ferne ertönte ein schwacher, scharfer Aufschrei, der die Stille durchbrach.**

From far away came a faint, sharp yelp that pierced the silence.

**Dann folgte dicht auf den ersten ein Chor ähnlicher Schreie.**

Then a chorus of similar cries followed close behind the first.

**Das Geräusch kam näher und wurde mit jedem Augenblick lauter.**

The sound drew nearer, growing louder with each passing moment.

**Buck kannte diesen Schrei – er kam aus dieser anderen Welt in seiner Erinnerung.**

Buck knew this cry—it came from that other world in his memory.

**Er ging in die Mitte des offenen Platzes und lauschte aufmerksam.**

He walked to the center of the open space and listened closely.

**Der Ruf ertönte vielstimmig und kraftvoller denn je.**

The call rang out, many-noted and more powerful than ever.

**Und jetzt war Buck mehr denn je bereit, seiner Berufung zu folgen.**

And now, more than ever before, Buck was ready to answer his calling.

**John Thornton war tot und hatte keine Bindung mehr an die Menschheit.**

John Thornton was dead, and no tie to man remained within him.

**Der Mensch und alle menschlichen Ansprüche waren verschwunden – er war endlich frei.**

Man and all human claims were gone—he was free at last.

**Das Wolfsrudel jagte Fleisch, wie es einst die Yeehats getan hatten.**

The wolf pack were chasing meat like the Yeehats once had.

**Sie waren Elchen aus den Waldgebieten gefolgt.**

They had followed moose down from the timbered lands.

**Nun überquerten sie, wild und hungrig nach Beute, sein Tal.**

Now, wild and hungry for prey, they crossed into his valley.

**Sie kamen auf die mondbeschienene Lichtung und flossen wie silbernes Wasser.**

Into the moonlit clearing they came, flowing like silver water.

**Buck stand regungslos in der Mitte und wartete auf sie.**

Buck stood still in the center, motionless and waiting for them.

**Seine ruhige, große Präsenz versetzte das Rudel in Erstaunen und ließ es kurz verstummen.**

His calm, large presence stunned the pack into a brief silence.

**Dann sprang der kühnste Wolf ohne zu zögern direkt auf ihn zu.**

Then the boldest wolf leapt straight at him without hesitation.

**Buck schlug schnell zu und brach dem Wolf mit einem einzigen Schlag das Genick.**

Buck struck fast and broke the wolf's neck in a single blow.

**Er stand wieder regungslos da, während der sterbende Wolf sich hinter ihm wand.**

He stood motionless again as the dying wolf twisted behind him.

**Drei weitere Wölfe griffen schnell nacheinander an.**

Three more wolves attacked quickly, one after the other.

**Jeder von ihnen zog sich blutend zurück, die Kehle oder die Schultern waren aufgeschlitzt.**

Each retreated bleeding, their throats or shoulders slashed.

**Das reichte aus, um das ganze Rudel zu einem wilden Angriff zu provozieren.**

That was enough to trigger the whole pack into a wild charge.

**Sie stürmten gemeinsam hinein, waren zu eifrig und zu dicht gedrängt, um einen guten Schlag zu erzielen.**

They rushed in together, too eager and crowded to strike well.

**Dank seiner Schnelligkeit und Geschicklichkeit war Buck in der Lage, dem Angriff immer einen Schritt voraus zu sein.**

Buck's speed and skill allowed him to stay ahead of the attack.

**Er drehte sich auf seinen Hinterbeinen und schnappte und schlug in alle Richtungen.**

He spun on his hind legs, snapping and striking in all directions.

**Für die Wölfe schien es, als ob seine Verteidigung nie geöffnet oder ins Wanken geraten wäre.**

To the wolves, this seemed like his defense never opened or faltered.

**Er drehte sich um und schlug so schnell zu, dass sie nicht hinter ihn gelangen konnten.**

He turned and slashed so quickly they could not get behind him.

**Dennoch zwang ihn ihre Übermacht zum Nachgeben und Zurückweichen.**

Nonetheless, their numbers forced him to give ground and fall back.

**Er ging am Teich vorbei und hinunter in das steinige Bachbett.**

He moved past the pool and down into the rocky creek bed.

**Dort stieß er auf eine steile Böschung aus Kies und Erde.**

There he came up against a steep bank of gravel and dirt.

**Er ist bei den alten Grabungen der Bergleute in einen Eckeinschnitt geraten.**

He edged into a corner cut during the miners' old digging.

**Jetzt war Buck von drei Seiten geschützt und stand nur noch dem vorderen Wolf gegenüber.**

Now, protected on three sides, Buck faced only the front wolf.

**Dort stand er in der Enge, bereit für die nächste Angriffswelle.**

There, he stood at bay, ready for the next wave of assault.

**Buck blieb so hartnäckig standhaft, dass die Wölfe zurückwichen.**

Buck held his ground so fiercely that the wolves drew back.

**Nach einer halben Stunde waren sie erschöpft und sichtlich besiegt.**

After half an hour, they were worn out and visibly defeated.

**Ihre Zungen hingen heraus, ihre weißen Reißzähne glänzten im Mondlicht.**

Their tongues hung out, their white fangs gleamed in moonlight.

**Einige Wölfe legten sich mit erhobenem Kopf hin und spitzten die Ohren in Richtung Buck.**

Some wolves lay down, heads raised, ears pricked toward Buck.

**Andere standen still, waren wachsam und beobachteten jede seiner Bewegungen.**

Others stood still, alert and watching his every move.

**Einige gingen zum Pool und schlürften kaltes Wasser.**

A few wandered to the pool and lapped up cold water.

**Dann schlich ein großer, schlanker grauer Wolf sanft heran.**

Then one long, lean gray wolf crept forward in a gentle way.

**Buck erkannte ihn – es war der wilde Bruder von vorhin.**

Buck recognized him—it was the wild brother from before.

**Der graue Wolf winselte leise und Buck antwortete mit einem Winseln.**

The gray wolf whined softly, and Buck replied with a whine.

**Sie berührten ihre Nasen, leise und ohne Drohung oder Angst.**

They touched noses, quietly and without threat or fear.

**Als nächstes kam ein älterer Wolf, hager und von vielen Kämpfen gezeichnet.**

Next came an older wolf, gaunt and scarred from many battles.

**Buck wollte knurren, hielt aber inne und schnüffelte an der Nase des alten Wolfes.**

Buck started to snarl, but paused and sniffed the old wolf's nose.

**Der Alte setzte sich, hob die Nase und heulte den Mond an.**

The old one sat down, raised his nose, and howled at the moon.

**Der Rest des Rudels setzte sich und stimmte in das langgezogene Heulen ein.**

The rest of the pack sat down and joined in the long howl.

**Und nun ertönte der Ruf an Buck, unmissverständlich und stark.**

And now the call came to Buck, unmistakable and strong.

**Er setzte sich, hob den Kopf und heulte mit den anderen.**

He sat down, lifted his head, and howled with the others.

**Als das Heulen aufhörte, trat Buck aus seinem felsigen Unterschlupf.**

When the howling ended, Buck stepped out of his rocky shelter.

**Das Rudel umringte ihn und beschnüffelte ihn zugleich freundlich und vorsichtig.**

The pack closed in around him, sniffing both kindly and warily.

**Dann stießen die Anführer einen lauten Schrei aus und rannten in den Wald.**

Then the leaders gave the yelp and dashed off into the forest.

**Die anderen Wölfe folgten und jaulten im Chor, wild und schnell in der Nacht.**

The other wolves followed, yelping in chorus, wild and fast in the night.

**Buck rannte mit ihnen, neben seinem wilden Bruder her, und heulte dabei.**

Buck ran with them, beside his wild brother, howling as he ran.

**Hier geht die Geschichte von Buck gut zu Ende.**

Here, the story of Buck does well to come to its end.

**In den folgenden Jahren bemerkten die Yeehats seltsame Wölfe.**

In the years that followed, the Yeehats noticed strange wolves.

**Einige hatten braune Flecken auf Kopf und Schnauze und weiße Flecken auf der Brust.**

Some had brown on their heads and muzzles, white on the chest.

**Doch noch mehr fürchteten sie sich vor einer geisterhaften Gestalt unter den Wölfen.**

But even more, they feared a ghostly figure among the wolves.

**Sie sprachen flüsternd vom Geisterhund, dem Anführer des Rudels.**

They spoke in whispers of the Ghost Dog, leader of the pack.

**Dieser Geisterhund war schlauer als der kühnste Yeehat-Jäger.**

This Ghost Dog had more cunning than the boldest Yeehat hunter.

**Der Geisterhund stahl im tiefsten Winter aus Lagern und riss ihre Fallen auseinander.**

The ghost dog stole from camps in deep winter and tore their traps apart.

**Der Geisterhund tötete ihre Hunde und entkam ihren Pfeilen spurlos.**

The ghost dog killed their dogs and escaped their arrows without a trace.

**Sogar ihre tapfersten Krieger hatten Angst, diesem wilden Geist gegenüberzutreten.**

Even their bravest warriors feared to face this wild spirit.

**Nein, die Geschichte wird im Laufe der Jahre in der Wildnis immer düsterer.**

No, the tale grows darker still, as the years pass in the wild.

**Manche Jäger verschwinden und kehren nie in ihre entfernten Lager zurück.**

Some hunters vanish and never return to their distant camps.

**Andere werden mit aufgerissener Kehle erschlagen im Schnee gefunden.**

Others are found with their throats torn open, slain in the snow.

**Um ihren Körper herum sind Spuren – größer als sie ein Wolf hinterlassen könnte.**

Around their bodies are tracks—larger than any wolf could make.

**Jeden Herbst folgen die Yeehats der Spur des Elchs.**

Each autumn, Yeehats follow the trail of the moose.

**Aber ein Tal meiden sie, weil ihnen die Angst tief im Herzen eingegraben ist.**

But they avoid one valley with fear carved deep into their hearts.

**Man sagt, dass der böse Geist dieses Tal als seine Heimat ausgewählt hat.**

They say the valley is chosen by the Evil Spirit for his home.

**Und wenn die Geschichte erzählt wird, weinen einige Frauen am Feuer.**

And when the tale is told, some women weep beside the fire.

**Aber im Sommer kommt ein Besucher in dieses ruhige, heilige Tal.**

But in summer, one visitor comes to that quiet, sacred valley.

**Die Yeehats wissen nichts von ihm und können es auch nicht verstehen.**

The Yeehats do not know of him, nor could they understand.

**Der Wolf ist großartig und mit einer Pracht überzogen wie kein anderer seiner Art.**

The wolf is a great one, coated in glory, like no other of his kind.

**Er allein überquert den grünen Wald und betritt die Waldlichtung.**

He alone crosses from green timber and enters the forest glade.

**Dort sickert goldener Staub aus Elchhautsäcken in den Boden.**

There, golden dust from moose-hide sacks seeps into the soil.

**Gras und alte Blätter haben das Gelb vor der Sonne verborgen.**

Grass and old leaves have hidden the yellow from the sun.

**Hier steht der Wolf still, denkt nach und erinnert sich.**

Here, the wolf stands in silence, thinking and remembering.

**Er heult einmal – lang und traurig – bevor er sich zum Gehen umdreht.**

He howls once—long and mournful—before he turns to go.

**Doch er ist nicht immer allein im Land der Kälte und des Schnees.**

Yet he is not always alone in the land of cold and snow.

**Wenn lange Winternächte über die tiefer gelegenen Täler hereinbrechen.**

When long winter nights descend on the lower valleys.

**Wenn die Wölfe dem Wild durch Mondlicht und Frost folgen.**

When the wolves follow game through moonlight and frost.

**Dann rennt er mit großen, wilden Sprüngen an der Spitze des Rudels entlang.**

Then he runs at the head of the pack, leaping high and wild.

**Seine Gestalt überragt die anderen, aus seiner Kehle erklingt Gesang.**

His shape towers over the others, his throat alive with song.

**Es ist das Lied der jüngeren Welt, die Stimme des Rudels.**

It is the song of the younger world, the voice of the pack.

**Er singt, während er rennt – stark, frei und für immer wild.**

He sings as he runs—strong, free, and forever wild.